U0919020

圣经的故事

[彩图版]

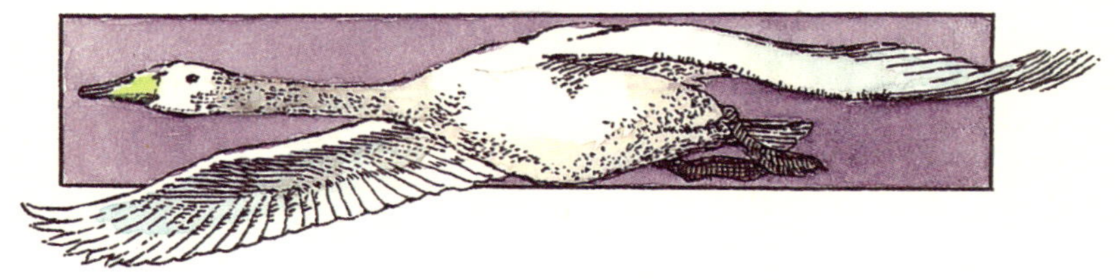

[德国] 西比尔·格雷芬·舍恩费尔特　著
[德国] 克劳斯·恩西卡特　绘
宋娀　译

译林出版社

图书在版编目（CIP）数据

圣经的故事：彩图版 /（德）舍恩费尔特著；（德）恩西卡特绘；宋娍译. —南京：译林出版社，2012.8
ISBN 978-7-5447-2709-9

Ⅰ. ①圣…　Ⅱ. ①舍…　②恩…　③宋…　Ⅲ. ①圣经–故事
Ⅳ. ①B971

中国版本图书馆CIP数据核字（2012）第058756号

书　　名　圣经的故事［彩图版］
作　　者　［德国］西比尔·格雷芬·舍恩费尔特
插　　图　［德国］克劳斯·恩西卡特
译　　者　宋　娍
责任编辑　王　蕾
出版发行　凤凰出版传媒集团
　　　　　凤凰出版传媒股份有限公司
　　　　　译林出版社
集团地址　南京市湖南路 1 号 A 楼，邮编：210009
集团网址　http://www.ppm.cn
出版社地址　南京市湖南路 1 号 A 楼，邮编：210009
电子邮箱　yilin@yilin.com
出版社网址　http://www.yilin.com
经　　销　凤凰出版传媒股份有限公司
印　　刷　江苏凤凰通达印刷有限公司
开　　本　718 毫米×1000 毫米　1/16
印　　张　14.75
版　　次　2012 年 8 月第 1 版　2012 年 8 月第 1 次印刷
书　　号　ISBN　978-7-5447-2709-9
定　　价　36.00 元
　　　　　译林版图书若有印装错误可向出版社调换
　　　　　（电话：025-83658316）

目录

前　言

《圣经》的故事非常古老。人们讲这些故事的时候，世上还没有书这东西，甚至连字母都没有。那时候，世界看上去还很小，比人们看到和感受到的范围大不了多少：那时候渔民们靠海吃海，牧羊人靠山吃山，奴隶被驱赶着背井离乡，士兵则为农田和牧场征战不休。

这些故事的主人公生活在古老的东方，在海洋（也就是今天的地中海）与两河流域（幼发拉底河与底格里斯河）之间的那块富饶而丰腴的土地上。

他们的交通工具是双脚，或者驴子、骆驼和马。他们在黎巴嫩四季常青的森林和阿拉伯的沙漠中穿行。他们知道水井在哪里，却不知道明天等待自己的是什么：是甘霖的赐福、牧群的健康，还是沙暴肆虐、庄稼歉收和饥荒遍野。

他们听到了上帝的声音。上帝对他们说话，有时候咆哮起来仿佛雷鸣，有时又轻如和风。他给了他们许多指示和戒律，却一直对他们隐而不见。他的统治方式不似尼罗河边和幼发拉底河边的那些王国，并不凭借一群变化多端的人形或兽形天神来驾驭。因为他就是神，除他以外再没有其他的神。《旧约》的故事就是从上帝如何完成他的作品开始讲起的。故事也描述了人类曾经的样子：他们有时感恩而顺从，但又经常在面对突如其来的变化时充满反抗精神，或充满恐惧、惰性和怀疑。

有些故事是如此残酷，如同当时的那个时代一样，即使上帝的十诫也未能唤醒人类的良知。有些故事是如此神秘，如同故事里所讲的上帝和他的天使们一样。但是，所有故事都关乎爱与忠诚，关乎手足相残、屠戮与厮杀，关乎欺骗与背叛，关乎对未来的恐惧、对失去权力和影响力的担忧，关乎性、疾病与死亡。这就是我们文学的发源地，我们全部艺术和文化的根基。

人们将这些故事以边讲边记的方式流传了几百年，而后又通过诗人、歌唱家、圣徒和嘲讽者的声音继续流传。这些故事的角色在日常生活中伴随着我们。它们隐藏在谚语和修辞里。它们是图画、儿童故事和雕塑的主题。它们也躲在姓名、咒语和祈祷词里。神父和政治家常常引用它们——每个人都在以自己的方式继续讲述和传诵着它们。我也一样。

因此，我尽可能尝试着与被传诵的文本保持相近，以便每个人都能重新认识和发现它。如果有人想要将原汁原味的《圣经》通篇拜读一番，只需要留意每一篇章后的说明："新耶路撒冷《圣经》"包括了《圣经》全文的完整翻译，该译本由所有德语国家主教们共同出版。因此，我期待着这本书能够尽可能使您满意并为您所用。

西比尔·格雷芬·舍恩费尔特

创世记

Die Schöpfung

最初，世上一无所有。没有泥土，没有光，没有天与地，没有生命，没有一颗星。除了上帝，伟大的神以外，一无所有。

由于凭空对此难以想象，《圣经·旧约》在开端就讲述了上帝创造世界的画面。这些故事，与时间和空间无关，与千年以后的数学和自然科学也毫不相关。

尔后，一幅有序的世界图景形成了：先是光划破了黑暗，紧接着苍穹高悬，形成了空间，陆地和海洋填充了被一分为二的空间，紧紧相邻。随后，大地长出了树木和植物，动物和人类接踵而至。

所有这一切，对上帝而言是举手之劳，他不费吹灰之力就完成了。人类逐渐理解了力与美，这是鲜花和岩石、阳光和雨露、猎豹和信天翁、鸟兽鱼虫乃至人类诞生的泉源。

然而，是谁创造了这一切？他是如此强大和神圣，以至于没有人胆敢喊出他的名字。所谓“太初有言”，“言”字实指上帝，即陆地和天空的创造者。他瞧着自己创造的一切说：“这非常好。”从这幅有序而美好的世界图画起，关于大地、关于人类和这个神秘的上帝的故事就开始了。

上帝首先创造的是天空和陆地。但陆地显得空旷荒凉，水面上混沌黑暗，唯有上帝的灵漂浮其上。

于是上帝说："要有光！"这就有了光。上帝喜欢光，他看到了光的好，就将光与黑暗分开来，并分别给它们命名。他把光叫作"昼"，把黑暗叫作"夜"。于是有了昼夜之分，这是第一天。

上帝又说："要在水的上方悬起一个穹顶！"他把这穹顶叫作天。就这样从黄昏到清晨，这是第二天。

上帝又说："天空下方的水必须向后退去，好让人类看见陆地。"他把露出水面的干燥部分称为陆地，把水体称为海洋。这也让他很高兴，他认为这很好，于是说："现在必须让大地处处显出绿色的生机，比如庄稼、野草、结满果子的树木，它们各不同种，但都拥有种子和果实。"

于是，大地变成了绿色，上帝觉得这很好。就这样从黄昏到清晨，这是第三天。

然后上帝说："光应当留在上空，照耀陆地。这些光应当把昼夜分开。它们应当用来指示时间、日月和年份。"

上帝创造了两束大光，较大的那一束管着白天，较小的那一束管着夜晚，晚上还有星星。他把这两束大光安放在天空中，让它们照耀大地，把白天和夜晚分开。这让上帝很高兴，他认为这很好。就这样从黄昏到清晨，这是第四天。

然后上帝说："海水里面应该充满游来游去的生命，鸟儿们应该在天空的笼罩下飞来飞去。"

于是他创造了各种海洋生物——从最小的鲱鱼到海马，再到最大的鲸鱼，让它们在汪洋大海中游泳嬉戏。上帝又造了各种鸟儿，让它们在林中飞来飞去。上帝看到了这些生命的美好，赐福于它们，并对它们说："你

们要生儿育女，代代相传，这样一来，海洋和天空就都满满当当的了！”就这样从黄昏到清晨，这是第五天。

于是上帝说：“陆地应当哺育各种动物，无论它们是温顺的还是野性的，不管它们是四只脚、两只脚还是没有脚的。”

就这样，上帝创造了陆地上的动物。他看到了这些生命的美好，终于决定：“让我们按照我们的样子造人吧。我要让他们照管海里的鱼、天上的鸟和地上的牲畜，他们必须为这些生命负责。”

于是，他仿照自己的样貌开始造人。先造了个男人，后造了个女人。上帝赐福于他们说：“你们要生儿育女，代代相传，让大地变得拥挤热闹。你们要照管好海洋、陆地和天空中的所有动物。为此我将地上一切结种子的菜蔬和一切树上所结有核的果子，全赐给你们做食物；至于动物，我将青草赐给它们做食物。”上帝看到他造的一切都很好。就这样从黄昏到清晨，这是第六天。

天地万物都造齐了，上帝就在第七日歇了他一切的工，安息了。上帝赐福给第七日，定为圣日。

这就是天地以及天地间一切生命的来历。它们就是这样被创造完成的。

（《创世记》1.1—2.4a）

Das Paradies
伊甸园

凡是在荒漠中生活的人都知道水的价值，热爱树影下的阴凉。在一片荒芜之中，最好的乐园只能是一座花园，一座伊甸园。“伊甸”追溯到词源上是苏美尔语，意思是“草原”；而“花园”几乎在所有的语言中都是“被篱笆围起的地方”。灌木丛或者篱笆墙能够在草原上保护花园抵御风暴，因为它们可以防沙，而且可以阻挡酷暑、严寒和各种入侵者。美索不达米亚平原的土地上长满了黄瓜、蜜瓜和其他菜蔬，奔腾不息的河流穿过这片乐土。富人们在自己的花园里种上玫瑰，并让喷泉涌动。

即便天上的花园也只可能是这样一个笼罩着宁静和安详的丰饶乐园。所以人们才会说：地上的每一座花园都是天堂的延续。

在全世界第一座花园里生活的人拥有了一个名字：亚当（Adam），因为他是由田间的泥土造成的，田间泥土的希伯来文正是“adama”。名字让一个人有了自己的人格——一种特定的、不可替代的特征。上帝说：“以后我用你的名字来称呼你。”

人被赐予姓名之后，他便拥有了为其他事物命名的权利。于是亚当给伊甸园里的各种动物都起了名字，比如“甲虫”、“骆驼”和“猫”。动物们信任和依赖亚当，而亚当从此也就有了料理伊甸园的任务——马丁·路德称之为“治理”。几百年后的我们，将“治理”理解为伟大的守护者的责任，就是说要对地球以及地球上的一切动物和植物负责。它们不属于我们，只是被我们暂时使

用，但同时需要我们的保护。对此第一章《创世记》中已有明示。

最初的伊甸园是和谐的，男人和女人之间也是和谐的。世间万物皆处于平衡之中。在伊甸园里，绵羊和狮子共生，人也不需要忍饥挨饿，上帝在黄昏的绿树成荫的小路上散步，和人聊天，天使就守护在旁。那是个无比美妙的地方，是人类祖先的故园。他们的故事总是和伊甸园这个名字联系在一起，被广为传颂。据说，每个人都是带着对伊甸园的记忆出生的。

当上帝造好大地时，它还是寸草不生的。上帝还没有降雨，也没有什么人来占地盘。但是没过多久，雾就升起来了，土壤变得潮湿。上帝抓了一把黏黏的土造出了一个人，并向他的鼻子吹了一口气，他就成了一个有灵魂的活人。上帝看着他，很是喜欢。

可是，难道就把他搁在这片光秃秃的土地上吗？我应该给他造个花园，上帝琢磨着，用鲜嫩柔软的绿草承载他的双足。于是上帝在太阳升起的地方造了一座花园。亚当，新生的人类，看着上帝一点点地让肥沃的土壤上长出鲜花和绿草，让树上结满可口的果子，并在花园中央种出生命树和能分别善恶的树。尽管花园是在沙漠里，却并未干枯，因为有四条河流穿过花园。

上帝把这个人放在鲜花和灌木丛中，命令他要遵守花园的各种规矩。最后他对亚当说："园中各样树上的果子，你可以随意吃，只是分别善恶的树上的果子，你不可以吃，因为你吃了就会死。明白了吗？"

"是，"亚当说。他非常谨慎地在这些美丽的植物中穿梭。上帝看他一个人在绿地上显得格外孤独，就想："那人独居不好，我要为他造一个配偶。"

他又随手抓起一把土，先后造好了狮子和母鸡、狗和眼镜蛇、知更鸟和鲭鱼以及其他各种飞禽走兽。造好了这一切后，上帝把它们领到了亚当面前，说："这一切都是我为你造的，你现在给它们起名字，好让它们知道自己是什么。也许你可以从中挑选一个来做配偶。”

亚当把所有动物仔细打量了一遍，给每种动物都起好了名字，可他并没有找到合适的配偶。于是上帝趁他熟睡的时候从他身上取了一根肋骨，用它造了一个女人，领她到亚当跟前，把亚当唤醒。

“是的！”亚当喊道，“就是她了。因为她是我的一部分！”

他向她走去，把她抱入怀中。因为她以及她未来所生养的子子孙孙皆出自他一个人的血肉，他们永远属于彼此。两人赤身裸体，如同动物一般，却并不在意，因为伊甸园永远温暖如春。

然而，花园里还有蛇。蛇比花园里上帝所造的一切活物都好奇和狡猾。它总是围在人的身边爬来爬去。有一回，蛇问女人：“上帝真的禁止你们吃树上的果子吗？”

“不，”女人回答说，“我们可以吃任何喜欢的果子，唯独不能碰花园中间那两棵树上的果子，否则我们会死。”

“嗨，”蛇说，“你们不一定会死，但你们吃后眼睛就明亮了，你们就能像上帝一样辨别善恶了！”

女人观察禁树上的果子，情不自禁地想象它们的甜美，想象它们能让自己变得如何聪明。她受到了诱惑，摘下了一个果子，咬了下去，还给了站在她身边的男人，他也吃了一口。

他们两人的眼睛果然明亮起来了。他们首先发现：“我们居然是赤身裸体的！”他们感到羞耻，飞快地摘下几片无花果树的叶子，拿着叶柄互相遮蔽身体，还把它们编织成了腰带。傍晚起了凉风，上帝在他的花园里散步，两人就藏在花园的灌木丛中。上帝呼唤道：“亚当，你在哪里？”亚当回答说：“我一听到你走来，就藏起来了，因为我赤身裸体！”

"谁告诉你这些的？"上帝问，"莫非你吃了禁树上的果子？"

"哎，"亚当回答道，"是那女人！那女人给我吃的！"

上帝问女人："你做了什么？"她答："是蛇！是那条蛇引诱了我！"

上帝于是诅咒蛇说："你从今往后必定用肚子行走，终身吃土！"又对女人说："你们现在不能留在我的花园里了。你们必须风餐露宿。你十月怀胎和生产儿女必定多受苦楚。你必定爱你的丈夫，你丈夫必定管辖你并给你带来忧愁！"

又对亚当说："你们在外必定为自己操劳，终身劳苦。你的田间必定长出荆棘和蒺藜来，而你必定汗流满面才得以糊口，直到你归了土，因为你是土做的。你本是尘土，仍要归于尘土。"

亚当绝望地哀嚎，固执地呼喊自己女人的名字："夏娃！"夏娃的意思就是生命。她成了一切生命的母亲。两人怀着巨大的恐惧，紧握双手，却不知道应该说什么和做什么。

上帝用皮子给两人做了衣服，以免他们继续裸露身体，随后说："人类从此就与我们一样了。他们能分清善恶，但他们不可能吃到生命之树上的果子了，因为他们将不得永生！"

因此上帝把亚当和夏娃赶出了伊甸园，把他们送进了严寒和荒野之中，亚当正是由田野中的泥土而来，而他现在必须耕种他所出自的土壤。这就是他的生活。

上帝把他们赶出去的时候，又在伊甸园入口的东边安设了天使，天使手持发出火焰的剑，把守着通往生命树的道路。

（《创世记》2.4b—3.24）

Kain und Abel

该隐和亚伯

天地万物都造齐了，世界围绕着太阳旋转。它有自己的秩序，世间万物都有了自己的名字。如果当年上帝没有抓起那把泥土堆出一个亚当来，我们也就没什么可以继续讲的了。然而，我们的故事就是从亚当和夏娃的故事开始的。我们讲述人类的故事，他们是亚当和夏娃的子子孙孙，在大地上繁衍不息，靠着祖先的遗产生活：亚当和夏娃失信于上帝，他们妄图不通过上帝而直接谋取幸福。他们吃了禁果后，懂得了善恶，却开始面临无休无止的善恶抉择。第一个家庭故事的主角是世界上的第一对兄弟。出于嫉妒，哥哥完全陷入了对弟弟的盲目仇恨之中，最终导致了世界上第一桩凶杀案。是的，这就是故事的开头。这样做几乎等于毁掉了他的一生。仅仅因为该隐无法忍受弟弟成功而他总是失败的事实，就受到了"恶"的诱惑，"恶"进入了他的家庭，侵入了他的灵魂，毁掉了最初创世时的和谐。

《圣经》没有描述亚当和夏娃是多么痛苦：一个儿子死了，另外一个被永远放逐到异乡。《圣经》只是继续讲这个第一家庭的故事。

也许亚当和夏娃根本不会知道，该隐在异乡建立了世界上第一座城市，并且儿孙满堂。其中一些成了铁匠和吹笛手，另外一些做了牧羊人，住在帐篷里。

可是亚当和夏娃获得了新的安慰，他们又有了一个儿子，取名塞特，塞特又生了无数的子子孙孙，他们都活了很久：807 岁、912 岁和 962 岁。

《圣经》里面就是这样讲的，意思是他们都是善良公正的人，与上帝亲近，所以上帝赐予他们如此长寿的一生。

但是事情在变化。在随后讲述的亚当夏娃后代的故事中，主人公的寿命越来越短。我们还会提到巨人和神的儿女——人们相信他们是坠入人间的天使，最终这一切表明：上帝看到了大地上人类的恶行是如何不断增加的。

亚当和夏娃如今住到了荒郊野外，必须学习一切维生的本事。书上没有记载他们是造了一间茅舍还是找到了一个洞穴藏身，也没有写他们是如何开始饲养最早的家畜，种地耕田，并且应付一次又一次给他们带来饥荒的歉收。

书上直接开始讲述他们孩子的故事。他们有了两个儿子，该隐和亚伯。“该隐”的意思是长矛，而“亚伯”的意思是微风。亚伯是一个安静、沉默的孩子，后来成了牧羊人，喜欢独自和羊群为伍。他养的羊异常肥美，皮毛丰厚，而且数目不断壮大。哥哥该隐则像他的父亲一样成了庄稼人，帮助父亲犁地、播种、种苗、除草。他把源于伊甸园的一条河流引到了自己的田中，既能灌溉庄稼，又能吓走那些对丰收果实虎视眈眈的鸟雀和老鼠。

但是，没人夸奖他的劳动，无论他如何劳累地干活。秋天的丰收节到了，亚当和夏娃要向上帝赐予的好年头道谢，亚伯用石头造了一座祭坛，杀了一头初生的羔羊来做燔祭，顿时香气四溢，香味一直飘上了天。而该隐也用野外的乱石造了祭坛，摆上了金黄的谷物、蜜瓜、桃和苹果、各种蔬菜、坚果，也许还有几朵黄瓜花。尽管该隐的祭坛看着很漂亮，上帝还是看中了亚伯的祭坛。

该隐妒火中烧，内心充满愤怒，他呆呆地看着地面。上帝问他：“你为什么要如此愤怒？你为什么不看着我？如果你做得对，你为何要低垂目光？

你要保护自己，该隐！邪恶蹲伏在你的心门外，马上要向你扑来，只等你放它进来。千万别这样，记住要做个好人。”

该隐的内心却无法安宁。他大踏步跑到野外，找到了亚伯，想要跟他好好谈谈。没想到兄弟两人吵了起来，该隐拿起一根粗短的木棒把他的兄弟打死了。后来上帝问他：“该隐，你的弟弟呢？”

该隐回答道：“我不知道。我又不是我弟弟的守护神！”

上帝说：“你到底做了什么？你弟弟的血从地下朝我哀告！你走吧！你将受到诅咒！你的庄稼再也不会为你长出饱满的谷物。你将被驱逐到异乡，终身流浪，无家可归！”

“不！”该隐哭喊着，“我承受不了这样的惩罚！是的，我罪孽深重，但你不能为此就把我赶出家园，让我在你的眼皮底下躲躲藏藏，因为我无处藏身，每个发现我做过的事的人都可能杀掉我！”

“哦，不，”上帝说，“凡杀该隐的，必遭七倍的报应！”上帝给了该隐一个记号，免得人遇见他就杀他。于是该隐就离开了上帝，逃到了伊甸东面的挪得。

（《创世记》4.1—4.16）

大洪水

水是一种很有威力的物质。海啸冲垮堤坝，巨浪高过房顶，樯倾楫摧，大洪水可以吞没村庄和城市。灾民们倾家荡产甚至失去生命，他们总是充满恐惧地问：这是上帝的惩罚吗？我们是罪有应得的吗？

大洪水反映了当时的一次历史灾难。公元前5世纪，幼发拉底河和底格里斯河流域暴发了一场大洪水，完全摧毁了整个美索不达米亚平原南部。这是真实的历史事件，以后洪水事件也屡见不鲜。海啸和巨浪的力量是如此强大，可以吞噬一切，将人类创造的世界顷刻间夷为平地。

大洪水的故事以及后来的诺亚方舟象征着上帝的惩罚与恩赐。他不仅救了诺亚和他的家人，而且如同创世记的时候大陆由水中而生一样，上帝再一次赐福这块土地，使之成为人类子孙万代的家园。

上帝是这样重新整治这个世界的：他让诺亚和他的家人结盟，共同遵守一个契约，同时让他们相信，上帝是他们生命的守护者。

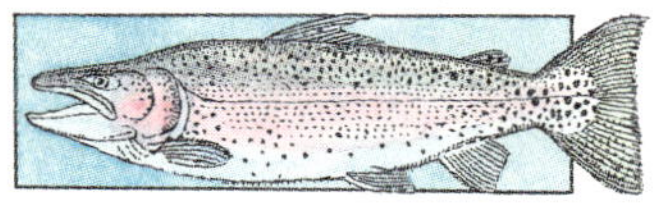

上帝见人在地上的罪恶很大，他们说谎、欺诈，偷邻居的东西，争吵不休甚至动武。

他后悔造了人，于是说："我要将所造的人和一切动物从地上消灭。"

只有诺亚在上帝的眼前蒙恩。他是塞特的后人，是个虔诚的人。他生了三个儿子：闪、含和雅弗。上帝对诺亚说："你要用歌斐木造一只箱子，里面应该是一间间宽敞明亮的房间，里外抹上松香。这只箱子应该长三百肘，宽五十肘，高三十肘，分成三层，上面要留一扇透光的窗，中间的一侧留一扇门。因为我要让一场大洪水吞噬大地上的一切。但我却想和你立约，你和你的家人都进到箱子里来，此外凡是有血肉的活物，每样两个，一公一母，你要带进箱子，好在那里保全生命。带些吃喝的东西，好让你和动物们不挨饿。"

诺亚或许想过：也许不会发生那么糟糕的事情！或许三个儿子因为没有听到上帝的吩咐，而对他们的父亲传达的旨意嗤之以鼻。可当这位老人砍下第一批木材，开始造箱板的时候，他们没有撒手不管。他们帮着父亲一起干活，女人们开始为人和牲畜储备食物。

诺亚和儿子们完全按照上帝的说法造好了那只箱子，并给它取名为方舟。然后他们打开门，当所有的动物都逐一进入方舟后，上帝锁上了门。

突然间，地上的泉源全部裂开了，天上的"水闸"也敞开了，大雨下了四十个昼夜。洪水越涨越高，把陆地上的一切吞噬得无影无踪，只留下诺亚和他的家人。

方舟顺着逐渐高涨的洪水漂浮到水面上来了。洪水在地上肆虐了一百五十天，水位最高的时候漫过了亚拉腊山，而后才开始回落。诺亚又等了四十天，才打开了方舟的窗户：一眼望去全是深渊，但他想："总有一天水会退去！"

他先是放出了一只乌鸦。那乌鸦飞来飞去，后来却再没能回来。诺亚又放出了一只鸽子。那鸽子

没找到一棵大树或一根芦苇来歇脚，只好又飞回到方舟上来。诺亚明白了，水位依然很高。

他又等了七天，又一次放飞了鸽子。这回鸽子嘴里衔着一枚橄榄枝回来了。诺亚知道水位降了，但他又等了七天，第三次放出鸽子。鸽子再没有回来。诺亚打开方舟的顶盖观看，发现地上的水全退了。

上帝开口说话："你们现在可以回来了，继续回到地上开枝散叶吧。"

诺亚打开了方舟的门，所有的人和动物一涌而出。

他首先为上帝造了一座圣坛，并献上燔祭。上帝闻到了那馨香之气，在心里说："人从小时起心里就怀着恶念，尽管如此，我还是不愿意再诅咒他们了。我不会再让洪水降临，而要给他们的时间划分秩序。只要大地还存在，耕种和丰收、霜冻和酷暑、冬夏和昼夜就应该永不停息。"他又对诺亚说："你们要遍布世界！建立家庭，经营土地，饲养动物，如需要可以将它们作为食物——大地又将一片新绿，颗粒归仓。我愿意与你们立约，大地再也不会陷入这样的洪水之中。"

上帝把彩虹放在云彩中，作为立约的记号。"你们将时常看到它，"他说，"当我用云彩遮住天空的时候，我也会看到它，然后想起我与你们立下的永恒的誓约。"

（《创世记》6.5—9.17）

Der Turm von Babel
巴别塔

天堂到底在哪里？没人知道。但是幼发拉底河和底格里斯河这两条美丽的河流，常常被人们拿来与天堂作比。因为在通往波斯湾的路上，它们将一块富美丰饶的土地维系在其间——美索不达米亚平原。两河流域是那样富饶，仿佛是上帝故意把天堂里的财富储藏在那里似的。那里的农民在《圣经》时代已经可以每年拥有不止一次的收成。如今我们认识的许多水果和蔬菜都源于这块肥沃的土地。数千年来，经过骆驼商队、军队或生意人传播，这些水果和蔬菜最终被带到了欧洲。两河流域的两岸，一座座城市拔地而起，幼发拉底河岸边的巴别（巴比伦）就是其中之一。它地处阿拉伯沙漠的边缘，十分富裕，在公元前 2 世纪被认为是中东最重要的文化名城。当大家第一次讲起那个无与伦比的造塔故事时，大家立刻就能明白：那样雄壮的建筑只有巴别造得出。

可是，单单靠诺亚的后人能把这座巨塔造好吗？为了修建以所在城市命名的这座巨塔，一定有无数来自邻国的建筑工匠背井离乡，烧砖制瓦这样的工作都离不开他们。这些男人们能讲多少种语言呢！也许这个故事讲的不仅是为了惩罚傲慢自大的人而使其发生语言障碍，而且也可作为一个注脚：语言是如何在世界上产生的？语言本身有哪些问题？当人发生改变的时候，语言就会变成一片混乱吗？语言如何为真理服务？它们是如何做到既紧密联系又相对独立的？

诺亚的儿孙又生养了许多儿孙，他们聚居在一起，一起放牧，说同一种语言，以同样的方式庆祝同一个节日和祭神活动。

有一回，他们找到了一片肥沃的土壤并在彼处停留。他们打开了帐篷，点燃灶台，安顿下来。他们发现河边有块很好的黏土地，就彼此商量说：“咱们用黏土烧砖吧！烧成砖后可以用来盖房子，甚至可以造一座城！”

于是他们动手干起来，很快掌握了造砖的技艺。他们用柏油当灰浆，把砖砌在一起。一座座新房拔地而起，人们开始自鸣得意起来。

“我们现在有足够的房子住了，”他们欢呼雀跃道，“下一步我们要造一座塔！塔顶通天，哈哈！为了要传扬我们的名字，让我们大家能其乐融融地生活在一起，免得我们日后继续颠沛流离！”

如今，巴别城一幅忙碌景象。所有人都在塔上工作。除了男人和女人之外，孩子们也能搭把手干活。眼看着砖一层一层地垒上去，塔尖几近穹顶。

上帝再也不能坐视不管了。他下到人间，仔细看了一下这座城和这座塔，立刻说：“不行，这样行不通。事情有点过头了，而这不过是个开始！他们会继续一意孤行地实践他们的想法和打算——最终他们就没什么是实现不了的了！好吧，到此为止！”

上帝打乱了他们的语言。人们再也不能互相理解了。所有人都感到愤怒和绝望。他们不能再在一起工作，哪怕传递砖头这样的小事也能造成误会。曾有工匠在建塔时发号施令，可是他喊破了喉咙，也没有人听懂他想要什么。当工人们向他请教下一步如何做时，却不知如何组词造句。最终，他们必须离开这座永远无法竣工的骄傲的巴别塔——重新收起了帐篷，离开了这块土地，向四面八方散去。上帝就是这样把整个大地打乱的。

（《创世记》11.1—11.9）

Abraham
亚伯拉罕

亚伯拉罕是一个游牧人。他生活在荒漠中。由于那时美索不达米亚平原和地中海之间少有人居住,他感受到的寂寞和冷清远胜于今。

夜里苍穹高悬,还没有被电灯的光线覆盖。一簇簇繁星闪闪,如同水晶串珠。亚伯拉罕在黑暗里能听到牧群里动物的走动和反刍声,风扬起时,流沙嘶嘶作响,他能闻到铁炉子里面火苗燃烧木炭的味道。

亚伯拉罕拥有许多绵羊和山羊,他跟随着家人艰苦跋涉,从一口泉水到另一口泉水,从一片牧场奔向另一片牧场。他们想要休息的时候,就支起帐篷,婢女们点燃篝火。亚伯拉罕和他的家人遵循自己的习俗和律法。像亚伯拉罕这样的族长、一家之主可以有自己的奴隶,娶很多老婆,让这些老婆都给他生孩子,因为孩子意味着干活有更多帮手,意味着财富、前景和祝福。

亚伯拉罕的游牧征程遥远,同时也逐渐变得富有。《圣经》里面不仅提到了他拥有的肥美的牧群,而且还有金银珠宝。亚伯拉罕一定很通晓各种动物,他养的动物膘肥体壮,因此能在市场上卖到好价钱。他后来为人熟知,甚至变成了一个名人,如同《圣经》里讲述的那样,连埃及法老都予以亲切、热情的接待。这个人身上最值得称道的,就是他对上帝的敬畏和忠诚。《圣经》中总是重复地讲起上帝对他的召唤:“亚伯拉罕!”亚伯拉罕总是马上回答道:“主,我在这里!”这即是说:我永远完整地、忠诚地属于您,您的亚伯拉罕!忠诚的他通过了最后一次考验,一个让平凡人足以瞬间窒息的要求——将自己的亲生骨肉献祭。

没有任何怨言、反抗和异议，孤身行在充满苦痛的路上，穿越乱石遍布的荒漠，朝着祭坛走去。面对自己的骨肉，不解释，不安慰，也不道别。他茕茕孑立，形影相吊，沉默不语。《圣经》也没有为阅读它的人提供什么解释。它没有写亚伯拉罕是否被上帝激怒了，还是出于痛苦而完全崩溃了。也许当时的读者，即便是第一次读这个故事的读者，都毫不怀疑亚伯拉罕对上帝的深深信任，他相信上帝说的任何一句话、任何一个许诺，他深信上帝不会背叛他的忠诚。

上帝，曾经向亚伯拉罕提出特殊祭品要求的上帝，显然拒绝了他的献祭。这在亚伯拉罕的世界也是很常见的：《圣经》上说，任何人不准用屠杀他人的方式取悦上帝。天使随即带来了一只牲畜作为祭品在祭坛上。上帝很满意。

摩利亚这片土地根本是不存在的，地点和发生的事件完全超出我们的世界和日常生活，超出我们的想象，但《圣经》却说，每个人都具备经历这一段历史的可能性。于是亚伯拉罕作为第一个族长，也是坚决与上帝盟守契约的典型人物。亚伯拉罕信任上帝。他慢慢地变成一位老者，人们亲切地称他为“上帝的朋友”。

诺亚的众多后代中有个名叫他拉的，生了三个儿子，分别是亚伯兰、拿鹤和哈兰。他们的祖先从幼发拉底河上的巴别城向南部迁移，最后在一个叫作吾珥的地方定居。吾珥城位于一条大河的下游，肥沃富庶，但当地人信奉月神娜娜，他拉因而不愿意久留，他想带着家人和牧群继续向西北迁徙，可是因为路途遥远、颠簸，他们最后选择留在了半路上的一座商埠哈兰，直至他拉逝世。

自巴别语言之乱后，上帝便沉默了。如今，他突然提高声调，对他拉的长子亚伯兰说：“拆掉你的帐篷，收拾行装，带着你的人离开这个地方，离

开你的祖屋，搬到我所指示你的地方去。我必使你人丁兴旺，成为大国；我必赐福给你，叫所有人都知道你的名，而你也要叫别人得福。为你祝福的，我必赐福于他。那诅咒你的，我必诅咒他。”

亚伯兰听罢，没有半点犹豫和疑问，就带着他的家人、奴隶、女眷、牧群和在哈兰积蓄的财产，朝着上帝指示的方向出发了。侄子罗得带着牧群一直追随他到迦南。这是上帝应许之地，紧靠地中海。他们在这里住下来，漫长跋涉后终于得到了休息，以便重整旗鼓。

可是不久就爆发了一场饥荒。亚伯兰只好继续向南，向埃及迁徙。在那儿，他受到热情款待，还获赠了一大群绵羊、山羊、牛、驴子、骆驼以及奴隶和婢女。但是法老想要夺走他的妻子撒莱和儿子们。亚伯兰不得不继续上路，离开埃及前往南地，在南地沙漠的边缘，他筑了一座圣坛，然后住了下来。

然而，不久就出现新的问题：这块牧场对于这个庞大的牧群而言太小了，亚伯兰不得不与罗得分道扬镳。他在迦南撑起帐篷，而罗得则选择了北部平原上众多城市之一——所多玛城。上帝又一次高声对亚伯兰许诺道：“从你所在的地方，你举目向东西南北观看。凡你所看见的一切土地，我都要赐给你和你的后裔，直到永远。我要使你的后裔如同地上的尘沙那样多。现在，你起来！纵横走遍这地，我就把这块土地赐给你。”

尽管已经疲于迁徙，亚伯兰还是听从了上帝的旨意，最终在希伯伦定居下来。可他仍然不得安宁。在他的周围，不同的王室正在激烈交战。但亚伯兰凭借他的智慧和声望还有众多的奴隶和侍卫，终结了这些纷争。他理应获得各种战利品，可他什么也不要，把他战争赢取的东西又全部退还到它们的出处。

一天夜里，亚伯兰睡不着，在宿营地辗转踱步。这时，上帝又对他说话

了："亚伯兰，别怕！我是你的盾牌，我会大大地赏赐你。"

可是这次，亚伯兰反驳了上帝，他喊道："主，我伟大的主，您还能给我什么呢？我已经老了，仍然没有孩子，我死了以后，继承我遗产的只有我忠实的以利以谢，我的奴隶！"

"不，"上帝说，"你的亲生儿子会继承你的遗产。"他引亚伯兰站在帐篷前，说道："仰望星空，数数上面的星星。你数得过来吗？你的后代会和它们一样多！"

亚伯兰相信他的神，上帝也把他视为自己最忠实的奴仆。他让亚伯兰在日落之前陷入令人恐惧的深睡眠之中，并向他揭示他和后人的命运："你的后人将寄居在别人的土地上，作为奴隶服待那土地上的人足足四百年。但对于那些残酷对待他们的人，我也会实施惩罚。此后你的后代会带着许多财物从那里出来，继续迁徙。你要享大寿数，平平安安地归到你的列祖那里，被人埋葬。而你的后人到了第四代，必回到此地。"

当亚伯兰醒来时，已经过去一夜，在熊熊燃烧的火光中，上帝与亚伯兰立约："从埃及边境到幼发拉底河岸的这块土地，我把它赐予你的后代。"

多年的迁徙之后，亚伯兰渐渐变老了。上帝对他说："人们从此以后不再叫你亚伯兰，而是亚伯拉罕，意思是诸人之父。我命你为众多民族的祖先，你的妻子不再叫撒莱，而叫作撒拉，意思是女主人。我将赐福给她，让她给你生个儿子。所有的民族和国王都是她的后代。"

亚伯拉罕笑弯了腰，他绝望地笑着，心想如此高龄的妇女怎么可能怀孕？

上帝知道亚伯拉罕在想什么，便说："你会给你的儿子起名以撒，到时我也会跟他立约。"说完这句，上帝重新升上了天。

亚伯拉罕没有向撒拉提起方才的对话，因为不想让她受委屈。晌午的烈日晒得正猛，突然有三个人站在他的帐篷前。他走上去，恭敬地问候他们，给他们摆上了丰盛的露天筵席，席间细心地照料他们，那三人则在一棵大树下面坐着乘凉。

其中一个人说："一年后我再来，到那时你的妻子撒拉会有个儿子。"

撒拉在帐篷的入口处听到了这句话。她偷偷地笑着，笑得跟当时的丈夫一样苦涩。

"他们为什么要讥笑我？"她在想，"我已经这么老了！"

另一个人突然问："撒拉，你为什么笑？难道上帝的话不可信吗？"

撒拉反驳："我没笑！"她很害怕她对上帝的预言的怀疑被别人发现，因为她能感觉到，这三人中有一个是上帝。那人却重复道："不，你就是笑了！"

随后，三人动身出发，前往所多玛城。亚伯拉罕的侄子罗得就住在那里。亚伯拉罕想要跟他们同往。

上帝说："好吧，让他去吧，我现在也是这么打算的。最终是我把他选作众多民族的始祖，赐福于他，让他行善积德，主持公平正义。所以让他见识一下主持公平有多难也是好的。"他对亚伯拉罕说："我们听到了许多关于所多玛和蛾摩拉的诉苦，我想去确认一下，那儿的人们是否真的干尽了残酷邪恶的勾当。"

三个人继续赶路，亚伯拉罕却僵在那儿不愿意走。"您到底要做什么？惩罚所有人？毁灭所有人？也许城里面还有五十个好人。您难道要把这些无辜的人也杀掉？难道全世界的审判者不应该身先士卒，主持公平吗？"

上帝说："好吧。跟我说谁是那五十个好人。我会因为他们的缘故而保住整个城。"

亚伯拉罕很不安。五十这个数字对他来说太多了。“主，”他说，“我不过是大千世界一粒尘土。也许那五十个人里面只有五个人是敬畏上帝的。也许他们总共加起来只有三十个，二十个，或者十个。”

每次上帝都回答他说：“好，如果真有这么多，我就为了这些人的名义保住这座城。”可是亚伯拉罕根本找不到三十个、二十个甚至十个好人。上帝陷入了长久的沉默之中，亚伯拉罕知道，他再也做不了什么了，就回家了。

上帝让所多玛和蛾摩拉两座城市在冲天的火光中毁灭了，只有罗得和他的妻子与女儿获救。罗得的妻子却由于无法控制自己的好奇心，回头看了一眼，燃烧的城市让她陷入可怕的震惊之中，立刻变成盐柱死去了。

上帝履行了诺言。撒拉怀孕了，生了一个儿子，起名以撒，意思是“他笑了”。因为他的父母都曾经在听上帝预言时发笑。以撒长得健康强壮，是父亲的骄傲。上帝却不忘对亚伯拉罕进行最后一次考验，他高声召唤：“亚伯拉罕！”

“我在这儿，”亚伯拉罕像往常一样答道。

上帝说：“你带上你最爱的也是唯一的儿子，到摩利亚去，把他带上山顶，做我燔祭的祭品。”

亚伯拉罕沉默了，他听从了上帝的话。他给驴上了鞍，捆上了点火的木头，带着自己的儿子和两个奴隶上路。

他们走了三天三夜，只在夜里宿营休息，把席褥铺在地上，望着星空入睡。日出之前他们就重新上路，日落之后他们才点燃篝火。前路变得越来越崎岖不平，以撒累了的时候，父亲就把他放在驴子上。第三天，他们到了山脚下，亚伯拉罕老远就看到了上帝指示的那个献祭的地方。他对奴隶们说：“你们和驴子待在这儿，我和儿子单独上山，向上帝祈福。然后我们会回来找你们。”

他把木头从驴子身上解下，捆在儿子身上，而他自己则背着火种和刀子，和以撒继续前行。

以撒突然开口：“我的父亲！”

“我在这儿，我的儿！”亚伯拉罕回答。

“父亲，”以撒问，“你带着火种，我背着木头，但是燔祭的祭品在哪儿呢？”

亚伯拉罕回答他：“我的儿啊，上帝会管好祭品的事儿。”

以撒不说话了，两人继续前行，直到上帝指示的那个地方。亚伯拉罕用岩石造了一座圣坛，把木头堆好放在上面，然后趁以撒还完全不懂即将要发生什么，就迅速地把儿子的双手绑好，把他整个人放在木头上，抽出了刀。

这时，天使在天空中喊：“亚伯拉罕！”他筋疲力尽地回答道：“我在这儿！”

天使说：“放下手中的刀，别动这个孩子！因为现在我知道，你是真的敬畏上帝，哪怕是贡献出自己的孩子也在所不惜。”

瞬时间，亚伯拉罕听到一声响，他四下看，一只两角被灌木缠绊的公羊倒在圣坛前。他赶紧把自己的儿子抱下祭坛，给他松绑后紧紧地拥抱着他。然后，他宰杀了那头公羊，献给了上帝。上帝赐福亚伯拉罕，他把这块土地叫作“神见”，因为上帝带着巨大的恩赐看到了他和他的儿子。至今这个地方仍然被叫作“神看得见的山上”。

亚伯拉罕和以撒回去找到了他们的奴隶，然后迁往别士巴，他和家人在那里定居下来。

（《创世记》12.1—22.19）

以撒和他的儿子们

Isaak und seine Söhne

以撒、他的父亲亚伯拉罕以及他的儿子雅各被认为是以色列的三位先祖。“先祖”(Partriach)一词来源于“族长”(Pater)和“父亲”(Vater),意即这三个人是父亲的典范,他们正直善良,在家人、奴隶和仆人中主持公平正义,教大家学习忍耐和对神的敬畏,当然偶尔也会走走弯路。先祖们与上帝一起生活,一起交谈。上帝进驻到他们的生活中,不断地打破秩序又重建秩序,给出各种忠告和主意,不断地考验他们的忠诚,帮助妇女孕育生命,给人们赐福,赐予他们所有美好的力量和财富——这些都是唯有上帝能给出的馈赠。在人类的历史之初,上帝赐福的对象通常都是那些信任上帝且能成就大事的人。谁也不知道,如果没有上帝的祝福,以撒会变成什么样——那个躺在木头堆上的孩子,看见了父亲对着自己闪闪发光的尖刀。亚伯拉罕由于顺从而获得的奖赏——那个伟大的祝福,也降临到了以撒身上。相信上帝一定是对着这个在孤单疲惫的路上背着木柴,在山间的乱石堆中穿行的孩子说了些什么。也许在说:别害怕!我在你的身边!因为以撒的名字——“他笑了”——也可以解释为,哪怕到了这一刻他仍然带着信心在微笑。

然而当发现自己的妻子利百加和儿子雅各欺骗了自己时,以撒震惊地大喊起来。这件事依然与祝福有关。上帝总是对三位先祖说:“谁祝福你们,我就祝福他!”祝福是上帝的礼物,它不是人随意支取的东西。一个祝福意味着一份责任。它源于上帝,是不可揣度的,但又和上帝一样永恒。无论如何,以扫对上帝的祝福漫不经心。这种情况也发生在该隐和亚伯、所多玛和蛾摩拉之上，上帝为了主持公平正义而严加惩罚。可是三位先祖的故事首先要告诉大家的是，人类的祖先也是有血有肉的人。他们并不是永远跟自己的妻小相处得那么和谐——有时候，他们会接受最严格的考验，比如亚伯拉罕当初居然作好了把自己儿子献祭的心理准备。以撒搞错了祝福对象。雅各欺骗了他的父亲和岳父——他们全部都是有优点也有弱点的人。《圣经》告诉我们，他们尝尽了各种苦头，终于意识到自己不是活在天堂。

先祖的故事中还植入了一些让我们至今还能反复探讨的主题。以撒的妻子利百加是一位异乡女子。她因崇拜亚伯拉罕的名声而对其言听计从。然而，作为异乡女子，她是自信和强大的。她并不十分关心亚伯拉罕世界里的那些律法和习俗。当时，长子女的意义非凡。献祭的动物大多数都是第一胎出生的小羊或小牛。人们把第一胎视为对家庭和王国的自然馈赠。

但事情并不总是顺利的。利百加找不到将这些不计其数的规矩植入自己思想的理由。她很快想到了一个主意，把她最爱的儿子雅各带到瞎了的以撒那儿。这样一来，雅各不仅抢夺了第一胎享有的特权，而且得到了父亲的祝福。这件事成为雅各生命中的阴影。他看到了欺骗来得如此简单，只要对他有好处，他就不讲真话。可当他自己上当受骗时，他也会付出相应的代价。他需要用一生的时间去改变自己。直到与天使相遇，他才意识到多么应该鼓起勇气，在上帝的鼓励下与哥哥以扫握手言和。他成功了，上帝也奖赏了他，即让雅各的十二个儿子变成以色列十二个部族的首领。

岁月不饶人。撒拉因年迈过世了，所有人都悲痛万分。亚伯拉罕则在她去世后尤其感到孤独，他同时还为以撒找媳妇的事情操心。

他把资格最老的仆人叫过来，对他说：“你到我的家乡美索不达米亚去，找到我的亲戚，为以撒物色一个新娘回来。”

“如果没有人愿意跟我回来呢？”老仆人问，“难道要让以撒亲自回那儿去吗？”

“绝对不行！”亚伯拉罕坚决地喊，“上帝，我们伟大的主，已经许诺将这片土地赐给我和我的后代，他一定会派天使伴你左右，好让你给我儿子觅一位新娘回来。”

于是，那个仆人带着十头骆驼、金银珠宝和其他礼物，朝着亚伯拉罕的兄弟拿鹤的城市出发了。那是一段漫长、艰辛的旅途。某天傍晚，他终于能够张望这座城，迫不及待地带着骆驼们走到城门的水井边。这时走来一位扛着水罐取水的漂亮姑娘。她叫利百加，是拿鹤的孙女。她向这个疲惫的旅人问候，并给他和他的骆驼们喝水。当他问能不能找个夜晚的栖息地时，她告诉了他自己的名字，并请他到自己父亲的房中过夜，因为异乡人在这里都被当成客人款待。仆人非常感激上帝，因为上帝如此迅速地让他找到了亚伯拉罕的亲戚。他受到了非常热情的招待，向她提起了同以撒的婚事。她欣然答应。于是仆人将金子做的额头饰带和手镯献给她，也向她的母亲和兄弟献上了许多价值不菲的礼物。

利百加希望马上跟他一起走。她带着自己的乳母和婢女跳上骆驼就出发了。

到达南地的时候，以撒正在田间，看到骆驼队回来了，利百加也看了他一眼。

“这是谁，那个看我们的人是谁？”她问道，仿佛她已经知道了答案。

“这就是以撒，我的主人，”那个仆人回答。她遮上了面纱，因为根据当时的习俗，新娘在婚礼开始前是不准看新郎的。然后她快速地从骆驼身上滑下，以撒立刻抓住了她的手，不愿意再松开。他把她带进了母亲撒拉曾住过的帐篷。

利百加成了以撒的妻子，他慢慢爱上了她。她帮助失去母亲的他逐渐摆脱了痛苦。亚伯拉罕又娶了一个妻子，生了六个儿子。这些孩子慢慢长大成人，亚伯拉罕就给他们许多贵重的礼物，让他们远走他乡，直到东方。以撒却可以继承他拥有的一切。

亚伯拉罕享尽了生活之乐，以高龄过世。果然像上帝的许诺一样，他的子孙遍布异国他乡。可他着实希望以撒能帮他生个孙子，看着他绕膝玩耍，但利百加一直不曾怀孕。直到亚伯拉罕过世之后，上帝才最终满足了以撒的祈求和祷告——利百加生了一对双胞胎。哥哥浑身的毛发是微褐色的，人们叫他以扫，意即“生命力、多产”，而弟弟是抓着以扫的脚后跟出生的，因此被叫作雅各，意思是“抓着脚后跟的人”。

两兄弟慢慢长大，以扫成了一名出色的猎人，终日穿梭在森林和田野中，雅各则留在帐篷里，在牧群中间。以撒喜欢长子以扫，因为他喜欢野味，而利百加则更喜欢雅各。

某日，以扫风尘仆仆地打猎回来，筋疲力尽。他看见雅各在做饭，便说：“喂，给我弄点汤吃，我太累了，自己做不了饭了！”

“只要你拿你长子那些天生的权利和我换就行，”雅各回答说。以扫笑着说道：“我还能说什么呢，谁让我现在快被饿死了呢！”

“你发誓？”雅各问。以扫发了誓。雅各就给了他一块面包和一盘扁豆汤。以扫吃完了扁豆汤，站起身来就出门了。对他而言，这就是他的长子权利的全部价值。

此时，父亲以撒尚还在世。他想过定居的日子，不想再靠着不停地更换牧场、蓄养牲畜为生。因此他和家仆们一起开荒垦地，种植庄稼，最初迎来了不小的收成，粮食的丰收帮助他挨过了接下来的大饥荒以及嫉妒的邻人的侵犯。

以撒进入耄耋之年，接近失明，但他因为拥有可观的耕地和财富而受人尊敬。他知道自己将不久于人世，就把自己的长子以扫叫到床边，请他

再去为自己打一次猎。

“再给我做一顿我爱吃的饭吧！我会在咽气前用我的灵魂祝福你。”

利百加听到了这一切。等以扫带着弓箭出门后，她立刻跑到雅各那里，告诉他听到了什么。她嘱咐他说：“从山羊群里挑出两只羊羔宰了。我会给你父亲做一顿香喷喷的饭，我知道他的口味。然后你给他端上去，他一定会祝福你。”

“哎，母亲，”雅各回答，“他肯定会想要拥抱我，到那时他就会发现我不是以扫了。”

“你别管我做什么，”利百加正色道，“就按我的吩咐做好了！”

她把被宰杀的羊羔的皮裹在雅各的胳膊和脖子上，让他穿上了以扫最漂亮的衣服。雅各就这样端着做好的羊肉去见以撒了。

雅各走进帐篷，对他说：“我的父亲……”

以撒答道：“我在这儿，你是谁？”

“我是以扫，你的长子。”

“走近点儿，让我摸摸你！”雅各走到以撒的身旁，以撒抚摸着他的胳膊说：“你说起话来像雅各，但摸起来又的确是以扫的样子，你的味道也是以扫的味道。”以撒于是喝掉了那碗汤，也没察觉出什么。接着，他郑重地祝福雅各：“上帝赐你阳光和雨露、丰收的庄稼、谷物和酒。一整个民族的人都会为你效劳，你的兄弟们都臣服于你。诅咒你的人，我必诅咒他，祝福你的人，必得到我的祝福。”

雅各刚带着骗来的祝福从帐篷里走出来，以扫就背着打来的猎物回家了。他为父亲做了最钟爱的佳肴，带到父亲的床前等待被祝福。

“你又是谁？”以撒震惊地问。

以扫吃惊地回答："我还能是谁？你的长子，以扫！"

以撒大喊一声，惊呼道："那刚才我吃的是哪个猎人给我做的野味？我把祝福给了谁？"

以扫才想到了他进门前看到的一幕。他痛苦地呼喊："那是雅各，我的弟弟！你既然已经祝福了他，那请你也祝福我吧，我的父亲！"

以撒两手摊开。"我没有这个权利，"他痛苦地说，"你的弟弟的确是用狡猾和诡计骗走了我的祝福，但那个祝福也将永远伴随着他。这个祝福是我无法收回的。我已经将他变成了你的主人，并且祝福他的耕地丰收、财富满仓，我还能祝福你什么呢？"

以扫大哭，问道："父亲，难道你只能祝福一个人么？"

以撒悲伤地点点头："我的儿，你今后将艰苦地过活，为你的弟弟效劳，你必须拿起弓箭谋生。要勇敢，永不绝望地活着。如果你能承受得了这一切，你会重新自由，打破束在颈上的枷锁！"

满腔怒火的以扫离开了帐篷，默默地自言自语道："等着吧，不会等太久，我们一起为父亲送葬，到时候我一定要复仇。我一定要亲手杀了我弟弟！"

一个家仆听到了这些可怕的话，赶紧告诉了利百加。她又赶紧唤来雅各，提醒他逃到她的老家去，等他哥哥的怒火熄灭、他的父亲忘记整件事之后再回来。"然后我将回去和你团聚！我真的不愿意一天就失去两个儿子。"

她对以撒说，雅各要去拉班家物色一位新娘带回来，以撒也同意了。

雅各与父亲告别，以撒祝他旅途平安。雅各踏上了从别士巴通往哈兰的路。某天晚上，日落之后，他躺下来，头枕光秃秃的岩石入睡了。梦里他看到了

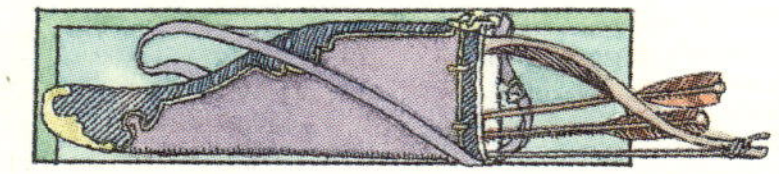

一道楼梯，从地面直抵天空。上帝的天使们沿着楼梯上上下下。上帝

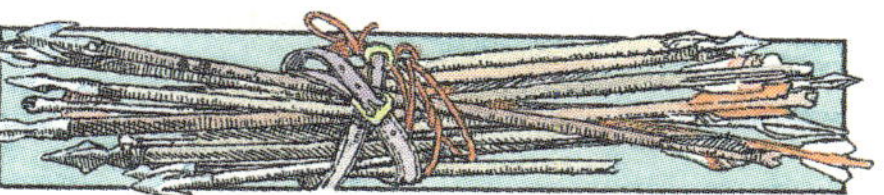

就站在那儿，对他说："我是亚伯拉罕和以撒的神。我要把你枕下的这片土地全部赐给你和你的后裔。他们必须彻夜不息地劳作。而通过你，所有人都能得到祝福。看，我就在你身边，我会保护你，让你平安地返回家园。在我的许诺实现之前，我绝对不会离弃你。"

雅各醒来，感到很害怕。上帝曾与他同在，并且开口对他说话。

"这块地方太神圣了，"他说，"它应该是上帝的居所，天堂的入口。"他发誓："如果上帝真的与我同在，在旅途中保护我，赐我充足的衣食，让我平安回到父亲的身边，那么这个神也应该是我的神，而我枕过的这块石头，应当成为神殿。"

雅各重新上路，去找哈兰的拉班——利百加的哥哥。他能感受到上帝的存在，觉得自己要变成另外一个人。

到了哈兰，他立刻爱上了拉班的女儿拉结。为了娶拉结为妻，他为拉班干了七年活。但是，拉结是拉班最小的女儿，拉班在婚礼的当晚没有把她嫁出，而是把自己的长女利亚送上了新娘的婚床。雅各曾经欺骗旁人，而今轮到他自己受骗了。

雅各非常失望，拉班却说："在我们这里，只有长女出嫁后，才能嫁其他的女儿。可是如果你能忍过这个星期，我就可以把拉结也嫁给你，但你必须为我另外干七年活儿。"

雅各爱着拉结，他必须同意这笔交易。又干了七年苦工后，他有了两个妻子。但是利亚郁郁寡欢，因为雅各不爱她，而拉结则散发着美丽的光芒，因为雅各对她是一见钟情。

上帝看到了雅各对利亚如此漠不关心，就用多子多福来安慰她。相

反，拉结一直未能生养。她的心里充满了对姐姐的嫉妒和仇恨，两人经常争吵不休，直到上帝终于赐给拉结一个儿子。她给他取名叫作约瑟。当雅各看到自己心爱的女人为自己生的孩子时，突然泛起思乡的愁绪，他请求拉班让自己回乡。

这些年来，由于雅各的勤勉和智慧，拉班的牧群繁殖得很快。他们一起分牧群的时候，雅各没有再上自己岳父的当，分到了牧群中的大部分。他在返乡的时候已经成为一个富有的人，带着自己的妻子、孩子和家什上了路。

在路上，他遇见了天使。他认为这是上帝对他的一个警示。他震惊地想起了多年前犯下的那些事，开始害怕以扫——他的哥哥会复仇。首先他派信使向以扫报告他正在返乡途中，希望能够安慰他的情绪。他向上帝求助，而且精选出一队最精良的牧群准备送给以扫，作为求和的礼物。

雅各的信使带回来一个消息：以扫正率领着四百名男子前来。雅各的恐惧更强烈了。夜里，他睡不着，打发两个妻子和她们的婢女、十一个儿子带着所有财产首先渡过了界河。他自己却留在对岸。

突然有个人冒出来跟他摔跤，直到曙光初现，那人也没有制服雅各。那人猛地朝雅各的胯骨打了一拳，使关节脱臼，然后说："让我走！天要亮了！"

雅各却说："你只要愿意祝福我，我就放你走！"

"你叫什么名字？"那人问。他回答："雅各。"

"你以后不再叫雅各了，"那人说，"你将被称为以色列，跟神搏斗过的人，因为你跟神和旁人都不屈不挠地搏斗过，而且取得了胜利。"

上帝祝福了他。此刻太阳升起，雅各果然变成了另外一个人，他把这块土地

起名为“神颜”。

他看到了地平线上以扫和他的队伍扬起的尘。他命利亚和她的十个儿子走在一旁，拉结和约瑟站在另一旁。然后他独自朝着以扫走去，每走几步就深深地鞠一个大躬。等鞠到第七个躬的时候，他的哥哥以扫张开双臂拥抱了他，他们互相亲吻，因欢喜和激动而抱头痛哭。这对兄弟终于和好如初了。不久，他们共同为自己寿终正寝的父亲以撒送葬。

雅各继续留在迦南，以扫则带着妻儿、家仆、牲畜和所有财产继续前行。因为这片牧场对于两个兄弟和他们的牧群来说实在太小了。

拉结再一次怀孕，却在生第二子的时候不幸死去，她想给这孩子起名为便俄尼，意即“悲伤的孩子”，但雅各却给自己最小的儿子起名为便雅悯——“幸福的孩子”，因为他是自己最爱女人的儿子，也是第一个在自己家乡出生的孩子。

（《创世记》24.1—35.20）

约瑟和他的兄弟们

Josef und seine Brüder

亚伯拉罕在他漫长的一生中不断迁徙于森林和荒漠之间。从他父亲的家乡——幼发拉底河下游的吾珥，向西北方向迁往数千公里外陶鲁斯山脚下的哈兰，后又越过草原和荒漠，穿过长满常青橡树和茂密灌木的山林，向西南方迁徙。由于遭遇了一场大饥荒，他又迁往南方的埃及，他与妻子、儿女、奴仆和婢女、羊群和驴子、帐篷、水袋和火簝永远形影不离。一代过后，他的儿子以撒又重复了他的足迹。亚伯拉罕、以撒还有雅各没有地图，也没有指南针，那时也没有什么道路，只有几条介于定居点和农田之间的模糊小道和猎人狩猎留下的小路。游牧民们带着家人穿越这未知的世界，经历沙尘暴和暴风雨的洗礼，同时又肩负着一个重要的责任：他们必须准确地读懂自然界的各种讯号，以避免迷失方向。他们可以通过太阳和星辰辨别天空的方向，从植物和土壤的性质中了解水源的远近。他们知晓沙漠中每一口溢满地下水的泉源和蓄满雨水的水洼的位置。

然而，他们还是会遭遇危险的路段，比如位于加沙和西奈半岛之间的南地沙漠——一块名副其实的“不毛之地”——由于缺少水源和降雨，居民只是星星点点地分布在局部地区。绵延不尽的草原和荒漠上，总是暴风咆哮，这块充满恐惧、危机四伏的土地，到处是饥肠辘辘的小狮子和老狮子、游蛇和飞蛇。约瑟和他的兄弟们就穿越了这样一片荒漠。他跟他的祖先们一样通晓自

然，因为他从小就对此耳濡目染。他，游牧人的儿子，也亲身体会了父亲率领家人和奴仆一起迁徙的情景，见过父亲分配狩猎任务、坐在牧民的畜力车上努力为大家搞到伙食。这些知识使他有能力管理一个像埃及这样大的王国。这个王国位于东部，西部受到沙漠的天然保护，其统治者是一位强大的有威力的国王——法老。但是，由于它位于尼罗河三角洲上，东面正是游牧民族探寻广阔牧场的必经之路，又常常来自受到两河流域的王侯和依海而居的"航海民族"的战事挑衅，故仍处于不安全的状态。

为了保护埃及，其中一位法老在三角洲东部修建了一座界墙，被称为"君王之墙"。尽管有这样强大的防御工事，埃及人还是对外来的密探，包括来自约瑟家乡的人充满了恐惧。此前，埃及保持了友好邻居的形象，是诸多避难饥民的庇护所，因为这块土地能够提供大量的面包。尼罗河总是定期在宽广的河床上泛滥，洪水退去后，留下的淤泥使得耕地更加肥沃多产。那是真正意义上的丰收，是所有人的生存寄托，年复一年，周而复始。

约瑟却对法老梦中的神谕深信不疑，如同当年诺亚坚信上帝的警示一样。他把埃及和所有周边的邻国从饥荒和死亡中拯救了出来。他对他的兄弟们解释说："你们真正对我做了恶的事情，但是上帝让它变成了好事。他希望实现现在发生的这一切。许多民族将得以存活。"

就这样，兄弟之间在经历了所有仇恨、嫉妒和考验之后和解了。他们的父亲老雅各，也就是后来的"以色列"，最终接受将约瑟的两个埃及儿子作为自己的子孙，他们在这个大家庭中享有同等待遇。

雅各生了十二个儿子。其中六个是他的发妻利亚所生：流便和西缅、利未和犹大、以萨迦和西布伦。拉结生了两个儿子：约瑟和便雅悯。他还跟妻子的婢女生了四个儿子：但、拿弗他利、迦得、亚设。除利亚所生的底拿之外，雅各还有多少女儿，《圣经》中完全未提及。但这绝对是一群关系错综复杂的兄弟姐妹。他们为父亲在田间和牧场劳碌，男孩子们个个身强体壮，力大如牛。

尽管兄弟之间免不了争吵和打斗，但他们对约瑟的仇恨却是一致的。约瑟是拉结的长子，雅各爱他如同爱自己的知心爱人，甚至在其他儿子面前也不加隐藏。

约瑟长到十七岁时，他的父亲把他送到了哥哥们中间。他得向哥哥们学习如何成为一名真正的牧人，同时要时刻竖起耳朵，留意哥哥们有没有反对父亲的言论和举止。《圣经》中并没有写约瑟是如何看待这项任务的，更不知道他能不能完成。

一次，父亲给了约瑟一件特制的长袖袍子。当约瑟穿着袍子来回走动的时候，在旁的兄弟们就把他看成了眼中钉。

接着，约瑟开始讲他做过的一个梦："咱们都到地里去收割，把麦子捆成一束一束的。突然间，我捆着的麦束竖起来了，然后你们的麦束全都围着我那捆麦子下拜。"

"嗨，"兄弟们说，"你疯了吗？你想日后成为我们的王和统治者？"他们总是一起嘲笑约瑟，越来越不能容约瑟在旁了。

这个梦犯了兄弟们的众怒，他们一早向父亲去告密。雅各惩罚了约瑟，对他说："你是不是太异想天开了？我和你母亲还有你的兄弟们应该向你下拜吗？"

但他一直记着这个梦，一天都不曾忘记。不久，约瑟又被送回了牧场。他的兄弟们看到约瑟从远处走来，又开始讥笑他，互相喊着："瞧，那个爱做梦的来了！"

"咱们干吗不干脆把他干掉，扔到井里去呢？然后世界就清静了。我们可以跟父亲说，一头野兽把他吞掉了。这下子咱们倒可以看看他那些神奇的梦会怎样了结。"

雅各的大儿子流便是其中最残暴的一个，他算计道："我可不想手染鲜血。为什么要杀他呢？直接把他扔进井里就完了！”他在想，事后他还能亲自把约瑟拉上来，带回到父亲那里。

其他人也同意了这个提议。等约瑟挨近他们，他们便捉住他，把他那件漂亮袍子剥脱下来。不管约瑟怎样呼救和反抗，他们还是把他扔进了一口深深的已经干枯了的井中。

接着他们架起篝火开始吃饭，对约瑟的呼喊充耳不闻。饱餐一顿过后，他们看见了远处走来的一支骆驼商队，满载着一箱箱香料、没药和调料向南走去。他们是去埃及售货的。

利亚的四子犹大说：“他们来得正巧。谁会知道我们的手会不会被约瑟的血弄脏呢？快点儿把他卖掉吧！这样就一劳永逸了！”

其他人立刻同意了。他们把弟弟从枯井里面拉出来，以二十块银子的价格把他卖去了埃及。他们捡起从约瑟身上剥落的那件漂亮袍子，将它涂满山羊血，带到父亲的面前，证明约瑟已经被野兽撕碎了。

雅各伤心地撕碎了袍子，他边哭边叹息，披着麻衣为儿子哀悼了好长时间。

埃及商人把约瑟卖给了一个叫波提乏的人。他是法老的重臣、王宫的侍卫长。但上帝依旧与约瑟同在，保佑他一切顺利。他不久就被波提乏提拔做了特殊侍役，长成了一名气质不同凡响的美男子。波提乏的妻子也发现了这一点。她总是找一切机会亲近约瑟，约瑟屡次拒绝都不能让她罢休。一次，正好他俩单独在家，她用长长的罩裙裹住了他，想把他拉上床去。他坚决地拒绝，让她松开罩裙，然后撒腿就跑。她却摆动着被压皱的裙摆尖叫起来：“救命啊！这奴才胆敢对我施暴！”所有人都相信了她，包括她丈夫。约瑟锒铛入狱。

但即便此时，上帝也不曾忘记约瑟。监狱长非常喜欢约瑟，把他从臭哄哄的土牢里放出来，委托他各种责任和琐事，约瑟也总能让他满意。

一天，监狱里面来了两个诈骗犯，一个是法老的酒政，另一个是他的膳长。监狱长差派约瑟去照顾他们。一天早上，约瑟发现两人神色焦躁、垂头丧气。

“发生什么事了？”约瑟问。

“哎，我们两个人都做了噩梦，却不明白梦的含义。”

约瑟问：“解梦难道不是神的权能吗？跟我说说你们的梦吧！”

“好吧，为什么不呢？”酒政想，“反正这是他的请求。”然后开始讲述他的梦：“我梦见一棵有三条枝子的葡萄树，三条枝子发芽开花，最后长成了三串葡萄。我用从枝子上摘下来的葡萄，往法老的杯子里挤汁，递给法老喝。”

“三串葡萄就是三天，”约瑟说，“三天过后，你就又能为法老酿酒，做回你的酒政了。我只求你等一切顺风顺水之后，不要把我忘掉。”

约瑟的话令膳长若有所思。他也跟约瑟讲了自己的梦：“我把三筐油酥点心举在头顶，最上面的点心是献给法老的。但突然来了一群鸟，把所有祭品都饕餮一空。”

“三筐就是三天，”约瑟解释说，“三天过后，你将被处以绞刑，吊在最高的那棵树上。”

两个梦全部应验了约瑟的解释，但酒政却在狂喜和陶醉中忘记了约瑟。

两年后，法老做了个梦。他梦见自己站在尼罗河畔，看见七头肥母牛从河里爬上岸，吃着草。突然它们的身边出现了七头瘦骨嶙峋的母牛，把肥母牛吃得一干二净。法老从梦中惊醒，却又很快入梦：一棵麦秆上长出了七支饱满、成熟的麦穗。然后有七支枯萎的麦穗被东风吹得异常干瘪，它们把饱满的吃得一干二净。法老从这个恐怖的梦中惊醒，即便他发现这只是个梦，内心仍然焦虑不安。他在全国征询释梦者，跟不同的智者和先知述说那晚的梦，但没人能解释得清楚这个梦。

酒政这才想起来还在狱中苦熬的那个年轻人，便向法老荐举了他。法老赶紧找到约瑟。约瑟十万火急地连洗澡带刮脸，还换上了干净衣服。然后他被带到法老面前。法老迫不及待地问："你能解释我的梦吗？"

约瑟回答道："这不是我的禀赋，但上帝要告诉陛下的一定是好事。"

法老便把自己梦到母牛和麦穗的事告诉了他。"没人能给我解释清楚，"他说。

约瑟回答："陛下的两个梦含义是相同的。上帝正向您告知自己所预知的事。七头肥母牛代表七年的丰收，七棵饱满的麦穗也是这个意思，相反七头瘦母牛、七棵干瘪的麦穗代表七年灾荒。上帝是要告诉陛下，这里将会有一连七个丰收年景，人人都富足起来。然而紧接着就是一连七年饥荒，将把这个国家好年头的丰富收成消耗殆尽。谷物奇缺，价格上涨，人民困厄至死。上帝让陛下做了两个相同的梦，就是为了让您知道有什么样的艰难岁月正在等待着您的国家。"

"那我现在应该怎么做？"听完约瑟释梦，法老吓得毛骨悚然。

"我们要从臣子中选拔一位值得信赖、聪明能干的人，授权与他，使他为整个埃及负责，"约瑟回答，"他必须能够动员埃及所有的官吏，在七个丰收年头把收成的五分之一存在仓库里，以便在接下来的七年饥荒里面没有一个人会饿死。"

法老赞同这个英明的建议，他说："因为你能够根据神谕对这一切作出智慧的解释和思考，你应该就是这个管理者。"说着，法老便把自己手指

上的金指环解下来，送给约瑟作为他新权力、新身份的信物，并赐给他华丽的服饰和一条金项链。

约瑟在埃及开始了崭新的生活。他现在是一人之下、万人之上，如同法老任命他时所说的那样："只有我在你之上！"他为约瑟陆续添置了一套官邸、一批贴身侍从和文书，最终还有一位娇妻。

约瑟即刻开始工作。他遍访埃及各地，在每个城市都下令兴建大型仓库，用来屯粮。果然，埃及迎来了七个丰收之年，粮食满仓，谷物的颗粒一直满溢到仓库的边缘。

约瑟在这七年间生了两个儿子：玛拿西和以法莲。七个丰年很快过去，突然暴发了一场大的干旱，农田歉收，粮食短缺，价格飞涨，人们哭喊着要面包吃。这时，约瑟就开仓放粮，赈济灾民。但他始终注意只把食物分给最急需的人，因为这次的粮食储备是要应付七年饥荒的。这时候，埃及周边国家的灾情也非常严重，人们之间流传着只有尼罗河岸有粮的消息，纷纷来埃及讨粮。雅各也把他的十个儿子送上了讨粮之路，唯独把便雅悯留在身边。因为他已经失去了拉结所生的长子约瑟，他害怕再失去最小的儿子便雅悯。于是剩下的十个儿子就跟其他人一样朝着埃及前进了。

售卖粮食的是约瑟自己。当他的哥哥们排在队伍里时，不停地向他鞠躬示好。经过长途跋涉，风尘仆仆的他们看起来瘦了好多，可约瑟还是一眼就认出了自己的哥哥。约瑟的心脏快跳到喉咙里来了，但表面上还是不动声色。他声色俱厉地问："你们是从哪儿来的？"

"从迦南来，"他们回答道，"我们想买粮食。"

"真的吗？你们不是间谍，来这儿刺探情况的吧？我们的边境还是有不受保护的盲点吧？"

他们吓得战战兢兢，竭

力申明："不！不是这样的！我们只是想买些粮食。我们是兄弟，是老实人，绝对不可能是间谍！"

约瑟装着很不满地摇了摇头："你们一定是来刺探我们边境情况的间谍！"

兄弟们着急地喊起来："我们都是一个父亲的儿子！原本有十二兄弟，现在最小的那个在家陪父亲，另外一个已经失踪了好多年。"

"你们当然能瞎编乱造了，"约瑟说，"我依然坚信你们是间谍！以法老的生命起誓！我放你们自由的唯一条件，就是让你们最小的兄弟到我这里来。你们当中有一个人去接他就好了，只要一切还没得到明证，你们就一直是埃及的囚犯！"

然后约瑟把他们关了起来，一共关了三天。第三天，他再也忍不住了。他让他们站在他的面前，可依然没人能够认出他。

"如果你们想救自己的命，就按我的吩咐做。因为我敬畏上帝，所以让你们拿走所有能够为迦南的饥民救命的东西，但你们当中的一个必须待在监狱里。当你们把小弟弟一起带来的时候，我就放了他，也相信你们说的都是真话，不是什么间谍。然后我会让你们继续好好地活着。"

他们激动地互相商量着说道："终于轮到我们赎罪了。我们那落在枯井里的兄弟的恐惧的脸仿佛就在眼前，我们似乎听到了他苦苦的哀求声！可是却连他一点儿消息都没有。现在的处境就是对我们的惩罚。"

流便又说："我当时就告诉过你们，别在那个孩子身上作孽！你们就是不听。现在他就是要你们血债血偿！"

他们不知道其实约瑟听懂了一切。因为自始至终，约瑟都是通过翻译和他们对话的。但很快他就背转过身，偷偷拭泪。等重新平静下来，他叫人把西缅绑了起来，又吩咐奴隶把其他几兄弟背上的袋子装满粮食，并且把他们该付的钱退还到包里，还给了他们足够应付旅途的口粮。

这些人忐忑不安地向他道谢，把粮食袋捆在驴背上，启程回乡。途中他们在一个旅店借宿，其中一个松开了粮食袋的绳子，打算拿出些粮食来喂喂驴子，突然间他的钱袋从包中掉了出来。他立刻跑到兄弟那儿告诉他们，他感到如此震惊和绝望："上帝到底要对我们做什么？"

到家后，他们把这一切原原本本地告诉了父亲，其他人把粮食袋里面的东西一倒而出，个个都发现了叮当作响的钱袋，他们更加吃惊了，连雅各也不例外。可他依然认为："你们把我所有心爱的儿子都掠走了。约瑟不在了，西缅也不在了，现在你们还想把便雅悯带走。不，我无法承受这一切！这对我来说太难了！"

但是离干旱结束的日子还很远，埃及的粮食很快就吃光了，饥饿重新开始折磨他们。父亲终于发话了："你们再去埃及买粮食去吧！"

犹大说："可是父亲！我们必须带着便雅悯一起去！那个人说，如果不带他，我们就得离他远远的！"

"哎，"雅各喊道，"关于便雅悯，你们到底跟他说了些什么！"

"是他问的我们！他还问到了你！我们有理由不诚实地回答他的问题吗？我们也不知道他最后是要我们把弟弟带过去！"

犹大恳求父亲的信任。"我以性命担保他的平安。现在让我们赶紧启程吧！我们还盼着再次满载而归呢。"

"好吧，"父亲说，"既然如此，你们就带着迦南最好的特产作为礼物送给那个人吧：香膏、蜂蜜、调料、没药、椰枣和杏仁。也许上次他把钱退给你们，只是个失误。所以你们还是得带上钱。再把你们的兄弟便雅悯带上。仁慈的上帝会保佑你们平安、健康地回来。"

于是兄弟们满载着礼物和钱币，经过长途跋涉，再一次来到埃及。约瑟看到便雅悯来了，就命令他的助手："把这些人带到我家去，杀一只小牛，准备好开饭。他们今天要和我一起吃饭。"

但这帮兄弟还是非常害怕。他们心想，自己一定是因为上次拿了不小心被退还到粮食袋里的钱而被带回约瑟的家里，因此他们打算和他的管家好好解释一下。

"你们在聊什么？"那人好奇地问，"我的金库里不缺钱。你们要谢谢你们的上帝，也是你父亲的上帝，也许他在你们的粮食袋里藏了什么礼物！"

西缅也走上前去，带着兄弟们一起参观了约瑟的家。他们全部都洗净了脚，喂好了驴。但他们因为畏惧而沉默，把送给约瑟的礼物放在一旁等候。

约瑟进入宴会大厅时，其他人纷纷鞠躬作揖。约瑟问起他的父亲，眼睛瞟向便雅悯："这就是你们所说的最小的弟弟吗？"

他们羞愧地回答："是的，上帝与您同在！"约瑟背转过身，泪流满面，他走进房间去号啕大哭。过后，他重新洗了脸，回到餐厅。令哥哥们吃惊的是，他完全按照他们的年龄大小示意他们落座，自己则坐在他们的对面。他又叫人一道接一道地上菜，便雅悯分得的菜量是其他人的五倍多。酒足饭饱后，兄弟们的神经放松下来，他们感到快活和满足。等他们陆续去休息后，约瑟叫来管家，吩咐他第二天把所有来客的袋子装满粮食，而且要把每个人的钱袋放在包的最上面，在最小的那个的包里还要装上约瑟的银杯。

管家按吩咐的去办了。在第二天的晨曦中，埃及人让这些弟兄们重新牵上驴子返乡。他们出了城，已经走了很远。约瑟吩咐管家要追上他们，要查看他们的粮食袋，当他发现那个银杯时，要对他们说："你们怎么能够以怨报德，做出这么恶劣的事呢？"

管家听从他的嘱咐，但也预料到这些兄弟会如何气愤。他从便雅悯的包里找到了那个银杯，当兄弟们看到这一切时，彻底陷入了绝望和迷茫。他们把粮食和行李重新驮到驴背上，一声不响地跟着管家回到约瑟那儿去。

约瑟已经在那里等着他们了。他问："你们做了什么？"

犹大站出来为所有人说话："我们还能说什么呢？我们如何能为自己辩解？上帝意识到了他的奴隶们的罪行。我们还有那个被你们发现挟带银杯的人，都是你的奴隶！"

"不，"约瑟答，"只有那个挟带银杯的人是罪人。你们其余的人都可以毫发无损地回到父亲身边去。"

犹大走上前去说："请允许我——你的奴隶，跟你开诚布公地说几句话。我们只有一个父亲，他已经年逾古稀，他最爱的妻子为他生了两个儿子。长子死了，最小的儿子一直留在他身边。他非常爱小儿子。你很想见他，可是我们的父亲真的不愿意看他离开。可是饥饿一天天威胁着我们，我最终不得不以性命担保，保护他的安全。如果我不带着这孩子一起回家，我父亲的灵魂就失去了牵挂，他一定会伤心而死。我——你的奴隶，认真地恳求你，留下我吧，随便你对我做什么都好，但是让这孩子跟着他的兄弟一起回到父亲的身边吧！"

这时，约瑟再也无法控制自己的情绪。他把所有的侍从都打发出去，号啕大哭。因为哭声悲恸，连在外驻守的法老的侍从也听到了他的呼喊："我就是你们的兄弟，约瑟，就是你们卖去埃及的那个孩子！”

他问起父亲的情况，可他的兄弟们由于震惊僵在那里，一句话也说不出，直到他在他们中间来回穿梭，喊着每个人的名字，碰碰他们的身体，安慰他们不要害怕，尽管之前他们有恶行，上帝却把它们转化成了好事。“他把我送回到你们身边来了。因为饥荒才过去两年，我们还有五年要挨，这五年，干旱的庄稼地是连犁耙都插不进去的。带着父亲、家丁和牧群离开迦南吧。到歌珊去，那儿有足够的土地和牧场，我会好好照顾你们。”

他热泪盈眶，搂住便雅悯的脖子跟他拥抱，便雅悯也泣不成声。约瑟挨个儿地亲吻了他的兄弟，他们终于可以敞开心扉，痛快地聊天了。法老也很快知道了发生的一切，他为约瑟感到高兴，因为一切都有了好的结果。他送给这些兄弟们一整支骆驼队，带着各种家畜、车辆、礼品和食物，浩浩荡荡地开始了返乡之旅。约瑟对他们说的最后一句话是：“你们在路上要和平相处！”

兄弟们如释重负，各个手舞足蹈，早就忘却了争斗。回到家乡之后，他们说服了父亲，认为迁到埃及是明智之举。只有在那里，他才能享受到儿孙满堂的幸福，约瑟才能帮助他们度过艰难的饥荒岁月。

因此，雅各带着七十名家丁、婢女和孩子，以及所有的家畜和财富向南迁去。经法老的允诺，他们得以在传说中尼罗河三角洲上最富庶的城市歌珊定居，继续他们的牧民生活。

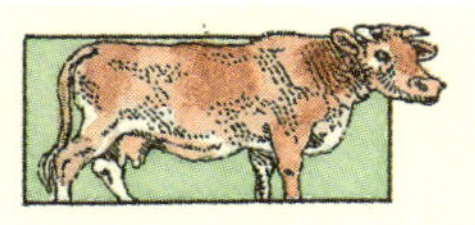

（《创世记》37.1—47.6）

摩　西

Mose

摩西同时属于两个世界。他在埃及帝国的宫殿长大，熟悉法老的朝廷，认识尼罗河畔最有见识的智者。他过着锦衣玉食的日子，养尊处优，如同其他孩子一样习惯了敬畏和顺从法老。他属于世上最有权势的一类人，毫无疑问，他与那些人一样自信。

可是，等待着摩西的是沙漠、饥饿和绝望。上帝在那儿等他，要摩西帮助他传达神谕。

摩西和上帝在西奈山上彻谈了四十昼夜，只为教化一个民族，使其得以生活在天堂般的美和善里。可是，凡是记起摩西之前的故事的人都知道，人类被描述成了什么样：跟天堂里的虔敬有天壤之别。当然也有例外情况。但是，摩西也犹豫和畏缩过：我真的能胜任上帝的要求吗？我的信仰足够真诚和坚定，能满足上帝所要求的一切吗？

但是，摩西在对付那些顽固不化、喋喋不休、毫无信仰的同胞们时，还是显示了超凡的力量和毫不动摇的意志。与上帝单独相处时，上帝提高了声音，宣布了十条戒律，这十条戒律至今仍然发挥着作用。上帝想要将这个民族从恶中救赎，尽管他们完全不认为自己有被救赎的必要。在把以色列人当作奴隶进行压迫和折磨的那个国度，金牛犊和油腻腻的烹肉锅对他们而言，远比尊严、自由和上帝的规划更有吸引力。十诫那些朴素的戒条一开始就引起了这些以丰衣足食和金玉满堂为终极目标的人的不满，自那以后，数千年来，这

十条生活准则逐渐成为基督教欧洲的风俗和文化基础，也是最难以实现的精神价值。

当摩西看到以色列民族被上帝拯救于无理的压迫和愚昧后，心里只有偶像崇拜，就打破了那些记着十诫的石板。但是上帝还是没有放弃他。上帝还发布了许多更加具体的戒律，包括工作日、休息日、祈祷和献祭、饮食以及与妇女、朋友、敌人相处等，摩西是这些戒律的传达者。所有发生在尘世的事情都有相应的路线规范并能通向天神。

上帝将大地作为居所送给了他创造的生命。他让人组建家庭，不同民族操着不同的语言。但因人类在亚当时代后已经会辨善恶了，而且上帝常看到他们如何将恶的萌芽唤醒，因此他才用十诫构成一个无形的安全保护伞，保护善。

没人知道，那些终日搜集以色列领袖（包括摩西）、以色列国王和先知事迹的讲述者之所以把故事写得如此严酷，是否只是为了强化效果。那时的世界是荒凉、残酷的，他们有时把上帝描述成一个不经调查研究就滥施酷刑的执政者。读完这些故事，应当会恐惧得战栗发抖，对上帝充满敬畏。人们在惩罚和死亡面前总是很顺从，希望取悦上帝——从来都是这样。或者人们可以凭着对上帝的爱来遵守他的戒条。以上两种在《圣经》的故事中都有所描述。

几十年过去了。法老驾崩，他的继任者不再买约瑟的账。当年约瑟的父亲雅各带了七十个男男女女从迦南迁来，如今已形成一整个部族。新法老看着他们在歌珊地区繁衍生活，内心充满不快和不安。他对自己的大臣说：“你们看看！以色列人越来越富有了，这让我非常不快。他们到头来一定会发动反叛，夺走我的权力！”

于是，他把所有强壮的以色列男人都抓去做奴隶。他们必须和土、烧砖，在尼罗河三角洲上为法老兴建一座座大型的储备城市。尽管徭役艰苦，从日出做到日落，以色列人依旧人丁兴旺。

“我可不想这样下去！”法老一再说。他制定了一条新的法令，即以色列的接生婆只能帮女婴接生，男婴出生后一律扔进尼罗河。

接生婆们敬畏神，拒绝这个屠杀式的命令。法老非常生气，吩咐他自己的国民：“要把所有在希伯来人那儿出生的男婴都扔进尼罗河。只有女婴可以存活。”

利未家新添了一个漂亮、健康的儿子，妻子对儿子爱不释手。他们把新生儿藏了起来，三个月内都没人找到。但随后，孩子的哭声越来越有力，再躲藏也不是个办法。因此他们模仿埃及人用芦苇建造尼罗河船只的方式，偷偷造了一艘灯芯草编的小船，又用沥青和焦油黏住，然后造了一块船篷顶，如同一个盖子，用来抵御灼热的太阳和蚊子，最后才小心翼翼地把儿子抱进小船，蒙上他的脸。

随后她把他带到尼罗河岸边，河的四处都被芦苇覆盖了。她把儿子放在水上，小小地推了一把，以便船能动起来。结果船真的倏忽一下就漂走了。

他们的女儿牵挂自己的弟弟，偷偷地跟了出去，弟弟的遭遇让她心碎，可她一点儿办法也想不出。这时，法老的女儿——公主从宫殿走到尼罗河边，正要洗澡。侍女们已经在岸边来回地忙碌，公主则慢慢走进了水中央。突然，她发现芦苇丛中有个小篮子。

“那是什么东西？”她让侍女们拾起篮子，打开盖子，只见一个光溜溜的婴儿，因受到惊吓而手舞足蹈，使出吃奶的力气放声大哭起来。

“可怜的小乖乖！”她说，“我要留下他！”

“可他有着浅亮色的皮肤，他是个希伯来人的娃娃！”侍女表示反对。

“我不在乎这个，”公主说，“我还是想留下他。”

孩子的姐姐听到了，她装作不经意间路过这里，上前说道：“哎呀，好漂亮的娃娃！你们想要留下他吗？可是他还是个婴儿，还需要吃奶啊！”

“对，你说得对！”公主着急了，“可我能怎么办呢？”

“我或许可以帮孩子找个奶妈，”孩子的小姐姐说道。于是，她的母亲被叫了来，公主兴奋而又急切地请求她给小孩喂奶。

“我会好好地酬谢你。”母亲多高兴啊，她的儿子得救了！而且能待在父母和姐姐的身边！等到他成长到不需要再吃奶的时候，才被送回了宫殿。公主在大殿前高兴地迎接他，给他取名摩西，意即“从水里捡拾的男孩”。进入王宫后，她让他跟着全埃及最有智慧的智者学习，生活在全世界最强大的统治者家庭中，逐渐长成了一个强壮、聪慧的小伙子。

法老当年的惩罚措施早已被淡忘，也没人介意公主的养子是一个不折不扣的以色列男孩。有时，他也会回到自己的家乡看一看。一次，他看到了自己的同胞们在路边凿石，拖运重物，还被一个埃及监工毒打。这让他感到愤怒和悲伤，一怒之下，他把那个埃及人打死了，埋在沙地里。当他第二天又来到那个工地现场时，他看到两个同胞正在打架。

“住手！”他喊道，然后质问那个挑起争端的人，“你为什么要打你弟弟？”

这个男人轻蔑地笑着说：“你想在这里扮演大法官吗？你是不是也想像昨天对那个埃及人一样把我打死啊？”

摩西吃了一惊：“原来大家都知道了！”

也许是出于嫉妒，他的同胞到处宣扬这件事，以至于事情传到了法老的耳朵里。法老下令逮捕摩西。

摩西知道大难将至，就逃到米甸那荒芜的僻壤去，有人说它在阿拉伯，也有人说它在西奈半岛。当他逃到那儿的时候，已经筋疲力尽，在一口井旁倒了下去。

第二天，当地祭司的七个女儿到井边取水，用槽盛满水喂给父亲的羊群喝。这时来了几个外地的牧人，对姑娘们推推搡搡，要把她们赶走。摩西一跃而起，帮助姑娘们赶走了那帮恶人，然后替她们打足了水，喂饱了她们的绵羊和山羊。

姑娘们欢欢喜喜地回了家，把当天的经历一五一十地告诉了父亲，父亲急忙问："哦，他在哪儿？你们为什么不把他带回家，请他吃顿饭呢？"

她们不知所措，这才想起自己因为受惊连部族的待客礼节都忘记了。于是她们赶紧跑回去，摩西欣然答应了她们的邀请。

他很高兴地留了下来，照顾祭司的牧群，还娶了他的一个女儿——西坡拉。他们给第一个儿子起名为革舜，意思是"我是异乡客"。

摩西在异乡待了许多年。后来法老死了，但以色列人却变本加厉地被埃及人奴役，他们的呻吟和哭泣吵得天堂都不得安宁。上帝听到后，想起了跟亚伯拉罕、以撒和雅各所立的契约。他俯视着那些可怜的人，决定去解救他们。

此时，摩西还在照顾岳父的羊群。他把它们赶出荒漠和戈壁，一直赶到何烈山那座圣山上去。他与天空如此接近，突然，上帝的使者从荆棘里的火焰中向他显现。摩西看着这火焰哔剥作响，令他吃惊的是，这荆棘居然没有被火焰烧毁。他想要上前去看个究竟，上帝却从燃烧着的荆棘中对他说话了："摩西，摩西！"

"我在这里，"摩西答道。

"不要走近！"上帝说，"把鞋脱掉！因为你现在站在圣地上！我是你父

亲的神，也是亚伯拉罕、以撒和雅各的神。”

摩西非常害怕，把脸蒙住，不敢抬头看上帝。

上帝说：“我看到了我的子民在埃及所受的困苦，听到了他们的哀号，感到了他们内心的悲伤。我下来就是要救他们脱离埃及人的手，领他们走出那片土地，到流着奶与蜜的土地去。我会把你派到法老那儿，让你领着我的子民——以色列的儿女走出埃及。”

“可是我何德何能？”摩西问，“我是谁？我怎么可能安然地站在法老面前，又领着我的同胞出埃及呢？”

“我会与你同在。为了证明我选中你，你要把他们带上回家之路，带到何烈山上来，给我献祭。”

“可我如何跟我的同胞说，是谁指派我做这些事的呢？”

上帝回答说：“我是有求必应的。你要告诉以色列的儿女们，是那个有求必应的人把你派来的。你要找到以色列的长者，告诉他们：是上帝，你们先父的神把我派来的。他看到你们在埃及罹难，说：我要把你们从困苦中领出来，领到流着奶和蜜的国度去。然后你要带着这些老人去找埃及国王，对他说：耶和华——以色列的神在召唤我们。请让我们用三天时间穿越荒漠，然后向我们的神献祭。但我知道，埃及国王不会那么轻易放过你们，因此我会用强有力的手一直守护你们，用我所有的神力来惩罚埃及人。这样一来，他们才肯放你们走。你们不要空手迁走，每个女人可以从她的埃及邻居那儿索要若干金银器皿和最好的衣服，然后给自己的儿女穿用。这些应该作为你们多年奴役工作的酬劳。”

“他们绝对不会相信伟大的上帝向我显现的！”摩西垂头丧气。

上帝问：“你手里是什么？”

摩西答：“一根手杖。”

上帝命令说:“把它扔到地上!”

摩西把手杖扔到地上，手杖变成了一条蛇。摩西惊恐不已，一个飞跃跳到了一旁。

“抓住它的尾巴!”上帝吩咐。

摩西战战兢兢地抓住了蛇的尾巴，它又变回了手杖。

“现在把你的手伸入衣服中!”

摩西再次听从了吩咐。

“再把它拿出来!”

摩西吓得叫了起来，因为他的手变得煞白，好像被一层盐或者雪结了痂。

“再把手放回衣服里!”

当摩西第二次把手从衣服里拿出时，又变回了原来的模样——洁净而光滑。

“如果这两次异象还不能使你相信我，那请你现在舀一瓢尼罗河里的水浇灌到干涸的土地里，那水会变成鲜血。”

可是摩西仍然绝望地央求上帝:“啊，我主!我从来都不是能言善辩之人，你刚才跟我说的那些话，我也说不出。我的舌头好像天生就不善言辞啊!”

上帝却反问:“是谁把嘴赐给人类的呢?是谁赐给他们光明?又是谁让人变得聋、哑、瞎?就是我，你们的主!我就是你的嘴。我会教授你说话之道的。”

摩西却仍然抗拒:“请另请高明吧，我的主!”

上帝逐渐失去了耐心，他愤怒地喊:“难道你以为我忘记了你的哥哥——利未人亚伦吗?他正满怀喜悦地来找你。告诉他我对你说的一切。

他会为你向众人宣告的。他应该做你的传声筒，你应该做他的守护神。把手杖拿在手里！用它你便可以显现异象、发挥神力。”

一切都如同上帝所预言的那样发生了。摩西与自己的岳父告了别，带着妻儿回到埃及，那里已经没有能够指控他的人了。他与亚伦一起说服了最有威望的长老。但是，当他站在新法老面前陈情时，新法老非常愤怒：“什么神能够让我听他的召唤，还让整个以色列民族迁走？我不认识他！我是绝对不会让以色列人迁走的！”

摩西他们回答说：“是伟大的希伯来神在召唤我们。我们应当在三天之内穿越沙漠，并在那儿给他献祭。”

“你们想让这个民族停止劳作吗？”法老盛怒，“你们人口太多太多了，结果现在你们还想偷懒和欢庆！别做梦了！赶紧开工！赶紧回到你们的岗位上去！”

没等摩西和亚伦走，法老便叫来所有监工，命令他们再也不要向以色列人供应加土坯的干草：“他们今后必须自己到田野里去割草，而且务必让他们造出比过去还要多的砖。给他们更多的活儿干，让他们累得一点力气也没有，没力气哭喊，也没力气动脑子怎么祭奠他们的神！”

监工四散而去，用鞭子抽打那些以色列人的工头，让他们更加严酷地驱使同胞们干活，让他们明白跟法老抱怨是无济于事的。

回来的路上，工头碰见了摩西和亚伦，愤怒地斥骂这两人：“上帝会惩罚你们的！你们让以色列人声名狼藉，正中了法老下怀，让他有最好的理由加倍折磨我们！”

摩西向上帝呼喊：“你为什么这样对待我们呢？你为何一定要选我这个没用的人？”

"你马上就能看到我怎么对付法老了,"耶和华回答,"他会放你们走,但此前他必须先尝尝我这手的能量。我是和亚伯拉罕、以撒和雅各立约的神,洞察你们的悲惨遭遇,即将拯救你们摆脱奴役。我曾许诺给以色列的后裔一片属于他们的土地,现在我要领你们前往该地。"

摩西带着沉重的心情看着自己的以色列同胞。受工作所苦,他们已经彻底失掉了勇气,沮丧和气馁写在脸上,他们再也不想从摩西那儿听到任何事了。这时,上帝又命令摩西去找法老。摩西非常生气,他喊着:"连我的同胞都不再听我的话,我怎么去跟法老说呢?莫非我到了那儿就能成为更伟大的演说家?"

上帝回答:"我要让你位及法老之上,让亚伦做你的先知。把我委托你做的事全部告诉法老吧,尽管他的心会更坚硬。我会让整个埃及为征兆和神迹疯狂。当我伸展双手,带走以色列的后裔时,即便法老不听你们的话,埃及的老百姓也会意识到我是真正的神。快去法老那儿!若他嗤笑你们,说'你能制造个奇迹出来,我就信了你',你就拿起手杖,扔到法老面前去。"

摩西和亚伦还有别的选择吗?他们只好到法老那儿去。法老又一次驳回他们的请求,变本加厉地嘲讽他们。亚伦把手杖扔到他的脚前,手杖变成了蛇。

法老把自己的巫师和术士叫来,他们也把手杖扔到沙中,这些手杖也全部变成了蛇。可是亚伦的蛇把其他蛇全部吞掉了。

法老大怒,他再也不想听摩西和亚伦说一句话,更不想听他们说起上帝的事。

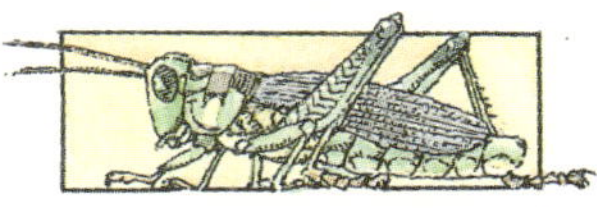

上帝命令摩西和亚伦:"你们明天再到法老那儿去,他早上会在尼罗河沐浴提神。把手

杖拿在手里，亚伦，你上前去和法老说：以色列的神，通过我和你说话：请给我的民族自由，让我能在荒漠自由出入。至今你都没有认真听过我的话。但是现在你应该知道，我是神！”

第二天，他们照做了。亚伦拿起手杖，扔到法老和他的奴仆的面前。刹那间，无论是溪流或山涧、池塘或沼泽、水罐或水瓶，里面的水都变成了褐红色的血。尼罗河里的鱼成群地死去。河水发着恶臭。没人能再喝这里的水。然而，宫中的术士和先知也能照做，法老大笑，依旧固执地不肯听信亚伦的话。

这一法术持续了七天，之后上帝又派摩西去找法老，法老还是铁石心肠，不肯放以色列人迁走。上帝对亚伦说：“把你的手杖临空持于溪水、河流和湖泊之上，大群的青蛙会穿过这片土地！”

于是，周围突然爬满了青蛙。它们从污水和泥沼里跳出来，到处蹦蹦跳跳，蹿进房屋，蹿上床和灶台，呱呱叫个不停，尖刺的声音把人的耳朵都震破了，整个大地都被青蛙覆盖了。但是宫中的术士和先知还是仿效亚伦变出了更多的青蛙。

法老把摩西叫来，生气地对他说：“请你们的上帝把青蛙变走吧，我放你们走！”

上帝满足了他的请求，房屋里、宫殿中和田间的所有青蛙都死掉了。人们顶着恶臭把它们扫成一堆。可还没等呼吸上一口新鲜的空气，法老就反悔了，他违背自己对上帝许下的诺言。上帝命令摩西再一次把手杖给亚伦：“把你的手杖伸展开来，在空中挥一下。整个埃及的灰尘都会变成蚊子。”

就这样，大群的蚊子如同黑云一般压下来，大肆叮咬人和牲畜，钻进他们的鼻孔和耳朵。埃及的术士和先知没法效仿这个，他们害怕了，求法老说：“这一定是神力使然！”

法老的心肠依然如顽石般强硬。上帝的下一次惩罚降临了：先是害虫把谷仓里的粮食吞噬一空，接着所有的牲畜都死于瘟疫，人的脸上长满黑色的水痘，一种致命的疾病在人群中传播。雷电、飓风和暴雨把沃土和花园夷为荒地。冰雹过后，成群饥饿的蝗虫把庄稼地里仅剩的苗啃食殆尽。随后，全国笼罩在一片伸手不见五指的黑暗之中，让埃及人不得不像盲人那样摸索着行进。可是每次法老答应放走摩西和他的同胞后，就会食言，而等待埃及人的是更加残酷的折磨。

在一片漆黑中，法老又叫来摩西：“你们滚到荒漠上去吧，但要赶紧还我的大地以光明。带着你的孩子们滚吧，但牛群羊群都必须留下！”

“可是我们需要用它们做燔祭！不然我们如何敬拜我们的神？”摩西问。法老勃然大怒：“我永远也不想再见到你！赶紧给我消失！但你要保重，因为下次我见到你的时候，你的死期就到了！”

摩西答：“悉听尊便。我再也不会出现在你眼皮底下了。”

于是，他离开了宫殿。上帝对他说：“我还要再降下一场可怕的灾难，此后法老不仅会给你们自由，而且会允许你们带着财物和牧群一起上路。现在你去告诉他：埃及所有家庭的长子都会死掉，牲畜也一样，埃及上下将都会发出从未有过的悲恸的哭声。只有以色列人的孩子可以得到保护，他们也应该知道，我对他们与对埃及人是不一样的。然后埃及所有的奴隶都会来找我，双膝下跪，恳请我说：让我们走吧！带上所有想要的东西，赶紧走吧！”

摩西不得不再去找法老陈情，把上帝委托他要办的事告诉了法老，他的语气充满担忧和恼怒。

随后，事情果然发生了。上帝在远处命令他，向他传授出埃及的办法："这个月可被视为今年的第一个月，要对以色列全体民众宣告：每个人都必须从自己的家庭中贡献出一只一岁大的公绵羊羔或公山羊羔，在第十四天的傍晚宰掉它，把羊羔血涂在房屋的门楣和门框上，然后把羊羔吃掉。吃的时候要把肉放在火里烤一下，用苦菜包起来就着未发酵的面包一起吃。所有的事都必须在一夜做完，食物也要吃光，剩下的骨头丢到火堆里去。还要注意，吃的时候要在腰间束带，脚上系鞋，手持手杖。要快吃！这是神的逾越节筵席。夜里，我就会穿街走巷，走遍埃及，所有牲畜的头胎和所有家庭的长子都会死去。我，你们的主，将凌驾于所有埃及神之上来惩罚他们，而你们房屋上的血会保护你们。因为当我看见门上的血，就知道是你们住在那儿，我就会越过你们的房屋而使你们免遭祸害。这一天你们应该永世不忘。你们应当世代相传地纪念这一天，庆祝这一天，直至永远。"

摩西和亚伦立即叫来了长老，把从伟大的上帝那儿听到的话告诉了他们。他们深深鞠躬之后，立即投入了准备工作。

上帝的预言应验了。午夜时分，埃及所有的长子都死了，从法老的儿子到监狱里受刑犯的儿子无一幸免，连牲畜的头胎也难逃死命。

埃及人夜里从梦中惊醒，包括法老和他的奴仆在内，埃及的每一位父亲母亲都陷入悲恸。没有一户人家幸免于难。他们发出巨大的恸哭声，响彻全国。

法老又一次叫来摩西和亚伦，乞求道："赶紧离开这儿！离开我的子民！带上所有东西去祭拜你们的神吧，别忘了也为我祈祷！"

在歌珊，这些埃及邻居们也迫不及待地希望以色列人离开这块土地。他们帮忙打包行李，给他们一些生活必需品，然后说："如果你们不赶紧离开，恐怕我们所有人都要死了！”因为走得太急，面包还没能发酵，所以以色列人用麻布包裹了做面包的生面团。然后，他们把所有财产物件打包驮在驴背上，就赤脚朝着疏割的方向进发了。六十万男男女女就这样启程了，这个数字还不包含当时的孩童数目。

以色列的子民在这儿住了四百三十年。当他们受命必须在一天之内搬离这个国度时，个个辗转难眠。因此，他们每年都在这一天纪念守夜，向上帝表示尊敬。

摩西要带着约瑟的遗骨回到家乡去，而上帝则负责使整个民族安然无恙地穿越芦苇之海，也就是现在被称为红海的地方。上帝在前面给他们指路。日间，上帝在云柱中领他们的路，夜间，在火柱中光照他们，使他们日夜都可以行走。

可这一夜刚刚过去，法老又怒火中烧。他想到，以色列人迁走就意味着埃及损失了许多好工匠和奴隶，便怒不可遏地咆哮起来。他命人备好六百战车，令整个军队急行，连夜追赶以色列人。

以色列人走到海边的时候已经精疲力竭，他们就在那儿安营扎寨。还没入睡，便听到了埃及大部队人马赶来的声音，整个大地都在震动。他们害怕极了，向上帝哀求。他们对摩西说：“你为什么要哄骗我们离开？是想让我们死在旷野吗？哎，我们还不如留在歌珊呢！宁在埃及为奴，也比死在旷野好。”

“住口！你们害怕什么？”摩西说，“你们今天看见的埃及人，再也不会为你们所见了！上帝会为你们征战的！”

他听到了上帝的指示：“拿起你的手杖，对着大海高高举起，把海水分开，你的同胞就能在海中走陆地。我要让埃及人知道，我是耶和华！”

在以色列营前行走的上帝的使者，转到了他们后边去，给他们指路的

云柱也从前边转到他们后边立住。云柱在埃及营和以色列营之间移动，靠近追兵的那一边。天愈加黑暗，电闪雷鸣，这样，埃及人就无法靠近以色列营了。

摩西向海伸杖，上帝便用大东风吹得海水向西退去，海水便分开了。以色列人带着所有家当和牧群，在两道高高的水墙之间穿越海洋。埃及人追赶他们，法老一切的马匹、战车和骑兵都鲁莽地跟着下到海中。

天将破晓，上帝从火柱和云柱中看着他们，使埃及的军兵大乱。战车轮毂断裂，撞到了一起。埃及人大喊："赶紧逃跑吧！耶和华站在他们那边，和我们争战。快逃！快逃！"

上帝却命摩西再一次举杖。天色大亮，海水聚拢，埃及人连人带车被打翻在大海中，法老全军覆灭，没有一人生还。上帝就是这样救了以色列人，而他们对上帝充满敬畏，又信服他和他的仆人摩西。

摩西向上帝唱歌。亚伦的姐姐米利暗手里拿着鼓，载歌载舞，其他的妇女也跟她一起拿鼓，一起欢呼并在摩西身后跳起舞来。

摩西让以色列人在苇海边稍事休息，接着便敦促他们继续赶路。他要领他们穿越书珥的沙漠。走了三天三夜，未见一滴水。当以色列人终于走到一口泉眼旁时，却发现那水不能喝，因为它尝起来非常苦涩。百姓就向摩西抱怨，摩西则在紧急情况下向上帝求助。上帝指给他一棵树，摩西将一段树枝折下，把它扔到泉中，发现泉水变甜了。

他们到了以琳，那里有十二股泉水、七十棵棕榈树，他们就在水边的树影下安营，享受这惬意的清凉。以色列全众从以琳出发，继续前行，要穿越汛的旷野。那里的沙子是如此炙热，以至于赤脚无法行走。他们汗流浃背，备受煎熬，又开始向摩西抱怨："我们当时还不如和埃及人一起死在上帝的手下呢！起码在埃及，我们坐在肉锅旁边，面包也吃得饱足。你们将我

们领出来，到这旷野上，是要叫全体民众都渴死饿死啊！”

摩西无法安慰这些人。他们继续谩骂和诉苦。上帝决定考验一下他们。沙漠上空突然飘来一片云，云中显现上帝的荣光。

他对摩西说：“我听到以色列人牢骚满腹。他们今晚就能吃到肉，明天就能吃面包吃到饱足。这样一来他们或许就能明白，我就是耶和华——你们的神！”

到了晚上，一大群鹌鹑飞来，它们是寻找冬天栖息地的候鸟，飞得很低，很容易被捕到。以色列人终于又坐到肉锅旁了。

早晨在营地四周的地上有露水。露水蒸发后，野地上有薄脆的小圆饼，像米粒一样细腻。以色列人看见，便问：“Man hu?”(这是什么？)可由于激动他们没有发出正确的音，听上去倒像是在说：“Manna?”于是吗哪成了这圆饼的名。除安息日外，每天都有吗哪从天上掉下来，但安息日之前的那天，会有双倍的吗哪。吗哪的味道很像香菜籽，形状像明亮的松脂。可在臼里捣碎，用手磨成粉，在锅里煮下，再烤成煎饼。中午的日头会把它烤化。在以色列人迁徙的很长一段路上，吗哪一直伴随着他们。那是漫长的四十年，每天都有露水从天而降。等到了迦南边境，他们停下来安营。遵照上帝的指令，他们将一大桶吗哪存起来，留给后人。

但是以色列人还要穿越这片沙漠，按照上帝晓谕摩西的话，寻找一个又一个水源。一次，他们被异族的牧民袭击，在约书亚的指挥下保卫自己。摩西在山头上举杖，以色列人就大获全胜。可是摩西感到疲倦，无法长久地将手杖举高，以至于侵犯者取得了下一次战役的胜利。

摩西非常震惊，吃力地再次举起手臂。这时亚伦拖来一块石头，让摩西坐下。然后亚伦和户珥帮他把双臂举高。不一会儿，以色列人就把这帮牧民全部赶跑了。水袋里的水喝光了，找不到水源和沟渠，他们又骂骂咧咧地发起牢骚来，对着摩西喊："快给我们水！"

摩西很生气："你们为什么与我争闹？难道你们不信任上帝吗？"

可他们只想到自己，还是像往常一样抱怨："你为什么将我们从埃及领出来，使我们和我们的儿女还有牛羊都渴死呢？我们在埃及待着有什么不好！想想那些鱼，我们不费力气就能抓到，还有各种瓜果蔬菜、大蒜和洋葱。现在倒好，除了吗哪还是吗哪！"

摩西无计可施，沮丧地问上帝："我拿这帮不知感恩的人该怎么办？他们几乎要拿石头砸死我了！"

耶和华对摩西说："你手里拿着你先前击打河水的杖，带领以色列的几个长老，从百姓面前走过去。我会在何烈的磐石那里，站在你面前。你要击打磐石，从磐石里会有水流出来，使百姓可以喝。"

摩西遵照上帝的吩咐去做了。人们给那地方起名叫玛撒（就是"试探"的意思），又叫米利巴（就是"争闹"的意思），因为以色列人争闹，而且试探耶和华，还问："耶和华真的与我们同在吗？"

出埃及后的第三个月，以色列人进入了西奈沙漠。以色列人在山前安营。摩西上山去找上帝，上帝在西奈山上对摩西说："你要把下面的话说给雅各一家和以色列的子孙们：你们已经看到我是如何对付埃及人的了，看见我如鹰一般将你们背在翅膀上，带到我这里。你们只要服从我，遵守我们的盟约，你们就是我的子民。因为所有的土地都属于我。你们应当为我建一个王国，一个由祭司和圣洁的国民组成的王国。这些话你要告诉以色列人。"

摩西去召了民间的长老来，将耶和华所吩咐他的话都在他们面前陈明。那些吃得饱足的长老和百姓看着眼前的福地，也都遵命。摩西把百姓的话回复耶和华。耶和华继续对他说:“我会在一片厚厚的云彩中来找你。然后这些百姓就能听到我是如何与你说话的,他们就会信服你。”

他回去对百姓说,第三天他将登上西奈山。在山脚下,摩西必须拉起栅栏,因为除他之外没人被允许上山。所有人必须穿上干净的衣服,面向上帝而立。只有当听到一声悠长的巨响时,他们才能走近。

到了第三天,天刚蒙蒙亮,就下起暴雨,雷电交加,一块密云降临山顶,号角声起。

在营地里的以色列人吓得发颤,摩西却朝着上帝的方向继续向前。所有人在西奈山脚下齐聚。号角声越来越高,摩西的声音越来越大,上帝的答复如同雷声滚滚。

当耶和华到达山顶的时候,他叫摩西近前,只有亚伦能与其同行。耶和华说:“我是耶和华你们的神,是我把你们从埃及为奴的地方领出来。除了我以外,你们不可以有别的神。你们不可刻我的像。要对那些爱我和守我诫命的人慈爱。你们不能滥用我耶和华的名。你们应纪念安息日,守为圣日。你们可以工作六天,但第七天是用来向神敬拜的。因为耶和华用六天创造了天空、陆地、海洋和所有生命,第七天他便安息了。你们应孝敬父母,使你的日子在耶和华所赐你的地上得以长久。不可杀人。不可通奸。不可偷盗。不可做假证陷害你的邻人,不可欺骗、背叛或诽谤他人。不可贪恋别人的房屋,也不可贪恋别人的妻子、仆婢、牛驴和他一切所有的东西。”

沙漠中的以色列人在下面看到雷电和山顶的浓烟滚滚,听到震耳欲聋的号角声,全都怕得发抖想要逃走。他们不敢与上帝对话,很高兴摩西能为他们这么做。他们接受了上帝的全部要求,包括为全民设立的新秩序。上帝希望通过严格的律法和生活准则使人类公平、和睦和友好地相处。

摩西在上帝那里还用了许多天来研习这些规章的教义。上帝先从公共生活的律法和惩戒讲起，如伤害他人身体应该怎么处治，谋杀、伤人、偷窃和绑架要怎样惩罚，如何对待敌人、奴隶还有偷盗牲畜的人等。接着他又讲到家庭生活和宗教习俗，比如祭坛如何建造，在祭坛上燔祭时摩西以及以后的祭司们应当如何着装端正，长子应如何对待，对敌人以及那些无意中伤害自己的人应履行哪些责任和义务，哪些节日应当用来敬拜耶和华，如何收割庄稼、屠宰牲畜，以及如何为进驻迦南地作好准备等等。“神的使者会走在你们前面保护你们。”

如若他们能为耶和华服务，他就会赐给他们面包和水。他们也无需为任何疾病、不孕或早夭担忧。

摩西尽力把这些全部记住，从西奈山上下来后，述说给百姓听。众百姓均同意遵从这些典章命令，摩西即刻回到帐篷，赶紧把耶和华的话写下来。

第二天，他在山脚下建造了一个立有十二根石柱的祭坛，十二根石柱代表以色列的十二支派。他在那儿为上帝献祭，然后对着百姓宣读了律法，众百姓同意将上帝的十诫作为他们之间盟约的明证。

随后，摩西和亚伦带着七十位长老上山，他们第一次在大地上看到了上帝的反照。他的脚底闪闪发亮，像踩在一颗蓝宝石上，明亮的蓝色如万里碧空。

他们见了这个，完全想不起他们是怎么上的这座山了。于是沉默地坐在火边，开始吃喝。

耶和华却对摩西说：“你上来，到我身边来！我要给你两块石板，上面写着我所有的诫命。”

摩西站起身，命长老们原地休息，有急事向亚伦求助，然后带着仆人约书亚又一次上了上帝的山。那山完全被云遮盖，云里上帝的荣光显现。云彩遮盖了山六天，第七天他从云中召唤摩西，摩西走进云里，在山上待了四十日夜。在以色列人眼前，上帝的荣光却状如烈火。

上帝首先告诉摩西，要让以色列人给他修造圣所应需要征收哪些材料：金、银、铜以及紫色和朱色乃至胭脂色的染料、经过漂白的精细的亚麻布、公羊皮、合欢树木、灯油、宗教仪式和进香时用的香膏、玛瑙以及其他衣服上用的名贵宝石。“他们要为我造一个圣所，这样我就能住在他们中间！”

如同给诺亚制定的造方舟的计划一样，他也给出了造这一圣所的种种规定，这样以色列人无论走到哪里，他都可以陪伴在旁：圣所应当由很多帷幕和帐篷围起，以铜为柱，以银杆为梁，墙内的空间皆由合欢树木划分。在帷幕前应摆放可搬动的圣坛和用于洗礼的铜盆。进门的紫色帷幕后面要摆放用来进香的金色圣坛，镶金的桌子用来摆放祭神的面包和有七根枝子的精金的美诺拉烛台。第二重华丽的帷幕后放着约柜，约柜由合欢木做成，外面镶金，十诫的石板也置于其中，由金色的天使像守护在两侧，四个柜角用金环压住，支撑的长木贯穿其中。大祭司的长袍由白色的内袍、用金钟和金石榴镶边的蓝色外袍和一件彩色的斗篷组成。此外，他还要戴一块嵌有十二块镶金宝石的胸牌，其上刻有以色列十二支派的名字。上帝还规定了圣坛灯台所用的圣油的种类，好让圣灯长明。祭司的任命和职分也是有明确规定的。上帝接着说：“告诉以色列人，他们要遵守安息日！六天工作，第七天休息。在任何时代，这都是我和以色列人之间的约定。因为我耶和华用六天创造了天地，第七天就用来安静休息，恢复

精神。”

说完这一切之后，上帝把两块石板交给了摩西，上面是上帝亲手写的戒律。

好几天过去了，以色列人在山脚下张望等待，渐渐觉得厌烦了，他们对着亚伦喊叫：“谁知道摩西在云上撞见的是什么？也许他再也不回来了呢！走吧，我们想要继续赶路了！你替我们造个神祇吧，让它带领我们！”

亚伦真的造出了一头金牛犊，还为它造了座祭坛。第二天，他们做燔祭，铺张地大摆筵席，大吃大喝，载歌载舞。耶和华看见了这一切，非常气愤，对摩西说：“下去吧，你的百姓已经偏离了与我约定的道。他们败坏了，忘了我给他们立下的所有规矩。我看这真是个冥顽不灵的民族啊。我要向他们发怒，消灭他们！”

摩西设法平复了耶和华的怒火。他带着两块石板，与仆人约书亚一起下了圣山。他们还在云端的时候，就听到了以色列人的喧嚷和吵闹。“听上去像是在打仗！”约书亚担心地说。“不，这不是打仗，”摩西说，“我听到了他们的歌唱和欢呼声！”

从云雾中走出来，摩西看到他们正围着金牛犊跳舞。他是如此震怒，将手中的石板重重地掷出去，石板在岩石上碎裂开来。然后他从祭坛上一把夺走金牛犊，扔进火里，看着它融化，又把融化的金粉放到臼里碾成了灰。摩西把这些灰和在水里，让以色列人喝了下去。

最后他找到亚伦，严厉地批评他对以色列人的放任。可是亚伦也激烈地为自己辩护：“你走了那么久，他们都不相信你会再回来。你是知道这群人是多么反复无常、牢骚满腹的！”

摩西叹了口气。他知道自己只能回到耶和华那儿去，为自己的百姓祈求宽恕。

“请不要降罪于他们吧，”他说，“如果您决意要惩罚他们，就请将我的名字从您所写的册上除去！”

“我只能除去那些针对我犯下罪孽的人的名字，”上帝说，“你走吧，带着这帮百姓到我指给你们的地方——那流着奶与蜜的地方去。我的使者会在前面引路，但你要对以色列人说：你们是一群顽固不化的人。我哪怕在你们中间待上刹那，也必将你们灭绝。现在把你们的首饰都拿出来，让我看看还有什么办法。”

于是以色列人把他们的项链、耳环、戒指全都摘了下来，从那以后，他们再也不戴任何佩饰了。摩西则打开了宿营前的圣幕。当他进入圣幕打算继续操办时，所有人都起身站到帐篷前，向他鞠躬。当摩西在帐中时，云柱就会降临，上帝便在其上与他说话，如同人与朋友说话一般。

摩西内心的最大渴望就是能够一睹上帝的荣光。那天他在山上就请求过上帝：“请向我显示你的荣耀吧！”

耶和华却回答他：“凡是见过我的人必死！但这儿有一块岩石，你进到石头缝中去，当我的荣光经过时，我会用手遮掩你，等我过去，你就可以看见我的背影。但没人能够看见我的脸。”

摩西按照上帝的吩咐凿出了两块新的石板。耶和华也修改完善了他的戒令，摩西就把它们写上去。这样，上帝与以色列民族的盟约关系就得到了加强。摩西下山时，他的面容发光，大家都知道他与上帝说过话，而且从未与上帝那样地亲近过。

他们造好了圣幕——上帝的栖息之所，把约柜抬了进来。约柜里装有写着上帝的戒条的两块石板。接着摩西就把第一个祭品带进了圣幕中。积云悬在幕顶，上帝的荣光就在里面显现，包括摩西在内的所有人都不得入内。当云升起时，以色列人才能继续行动。夜里，上帝的荣光在火柱中停留，火焰明亮地照在幕顶，如同白昼。他们献祭的目的终于实现了。

一路上，他们向摩西学习素祭、燔祭、平安祭、赎愆祭、赎罪祭、答谢祭和赞美祭，学习哪些动物只能看不能吃，而哪些可以吃。其间，他们以和解的名义庆祝了一番，宰了一头公山羊做燔祭，又宰了一头做赎罪祭。替罪羊被他们赶到沙漠中，那是魔鬼阿撒泻勒的领地，他把替罪羊和它替下的所有罪一同吞下了。

百姓们继续学习新知识，比如如何在婚姻和更大的社会团体中生活，安息年是怎么回事——每过六年，养育百姓的庄稼地和葡萄园就需要停耕一年。第七个安息年到来的时候，遍地会发出欢呼的号声，这一年被叫作禧年。第五十个年头，秩序会建立起来，财富丰盈，这块土地上的所有居民都能得到自由。

传授知识就告一段落。上帝命令摩西将以色列所有支派的男子都派出去考察，查明这块土地的质量、当地人是否强大、城市的防御工事如何等等。他们还要把地里结的果子带回来。

男人们出发了。从沙漠到橡树林，他们把这块土地的每一个角落都勘察过了。当进入葡萄河谷时，他们摘下一串葡萄，那果子又大又重，以至于需要两个人用一根横杆才能将它抬起，除此之外，他们还带回了无花果和石榴。

他们在路上花了四十天的时间，最终回到了住在沙漠里的百姓们中间，向他们展示这些宝贝：“那真是流着奶和蜜的地方。但是那里的居民十分强

壮，他们的防御工事也很强大。”

一个人突然叹息道：“我们永远也不可能战胜他们！他们形如巨人！”

抱怨和牢骚又一次迸发。许多人彻夜痛哭，充满恐惧和绝望。第二天他们就找到摩西，问他：“我们回到埃及去不是更好吗？”

耶和华这次真的生气了，他喊道：“怀疑我的人都见不到我许诺过的那块福地！你们让我终日怨声满耳，这样下去，你们就会死在这儿，葬在这儿。你们的儿女将在这片沙漠上放四十年的牧，每年每天你们的男人都要去考察那块地。这就是要让你们知道反抗我的后果！”

事情就这样发生了。以色列人在这片沙漠里又流浪了四十年，亚伦也死了。一日，年迈又孤单的摩西登上圣山，上帝给他看那块一直绵延至海岸、直到棕榈城耶利哥的土地，那是上帝向亚伯拉罕、以撒和雅各许诺过的福地：“你亲眼看到了它，但你不能进去。”

上帝的仆人摩西死了。以色列人为之恸哭了三十个昼夜，但没人知道他葬在哪里。新的一代成长起来，他们终于能够朝着迦南进发。那地与他们迁来之前住过的埃及国截然不同。在埃及，播种之后，全部土地都需要人工灌溉，如同在自家菜园里浇水一样。可是现在，他们面前这块土地拥有众多山脉和河谷，天上的雨水就可灌溉。上帝的许诺总是与警告系在一起：“如果你们爱你们的神耶和华，并能用全部的心和灵魂为他效劳，他就会带来风调雨顺，让秋季和年初雨水丰沛，你们便可大获丰收，粮食、果酒和油满仓。牲畜在田间无忧无虑地吃草，人也能衣食富足。”

可是，他们首先要做的就是占领迦南。为了成功，他们付出了许多光阴和心血，最后才对迦南有了家的感觉。

（《出埃及记》《利未记》《民数记》）

Die Richterin Debora

领袖底波拉

迦南是一块低地，从黎巴嫩的山坡延伸至南地沙漠、从约旦延伸至地中海，位于古老东方最富庶、最强大的两个文明体——埃及和美索不达米亚之间。两种文明都将河流和肥沃的平原视为生命线，两种文明之间自古就有通商，很多条商道都途经迦南，比如地中海岸的通海大道，还有位于阿拉伯沙漠和群山之间的国王大道，起于黎巴嫩，向南延伸。那儿的风景与迦南大不一样。河流镶嵌在悬崖峭壁之间，完全不能通航，周围都是陡峭的丘陵，仅有几块狭长的耕地。

而迦南是一片绿洲。黎巴嫩的雪松和四季常青的橡树耸入天际，把从地中海飘来的云朵牢牢抓住，好让雨水长久地滋润这块土地。东部的沙漠热风带来炙烤般的酷热和干旱。但还是总有游牧民族迁来，在有水源和森林阴凉的地方支起帐篷。这块土地极少有人定居，在群山、森林和旱区之间还有大片的草地。

尽管这块土地不是处处都能开花结果，可还是赢得了财富。因为它位于许多商路的中段，无数价值连城的货物和当时的奢侈品都经由它运出。由于财富主要集中在定居者家中以及金属和布料的加工作坊里，而移民也越来越多，这些城市就格外需要卫戍。市民们常常会筑起厚达八九米的城墙和城垛来保卫自己。

先民们显然与移民保持了和平共处的友好关系，他们从游牧人手中赚取

了大量羊毛和肉食，同时也习惯了与牧民和他们的牲畜共处。

来自埃及的宝物不仅仅是黄金、铜、象牙和贵重的木材，还包括先进的兵器，比如战车。他们不知道马鞍这回事。相反，他们把马绑在一个有轮的方形箱子上，一两个人站在里面，车轮上挂着的箭袋里面可以装弓箭和其他轻武器。拥有城墙和武器在手的往往都是顽固的敌人。对于以色列这个游牧民族而言，迁入这块上帝的应许之地是非常艰难的一件事。

摩西将自己的侍从约书亚定为继任者。在他的领导下，通过和平谈判，以色列人占领了约旦西部的那块地方。约书亚把以色列人分为大大小小几个部族，又通过相当于州议会的模式把各个州通过联邦和联邦法统一在一起，这个联邦法规定，所有的部族都必须受到上帝的约束。然而，约书亚死后，嫉妒和仇恨爆发了，他们开始与邻邦作战，邻邦人也变本加厉地压迫以色列人，甚至剥夺了他们的独立性。因此，上帝特许杰出的领袖（士师）帮助他给这个民族以自由。

以色列的各个部族从南方和西部迁往这片应许之地，可他们常常忘记遵守上帝的律令。一次，上帝要惩罚其中的一个部族。他让迦南的国王对付他们。迦南王总是骑着白色的母驴，他的帐篷里铺满了富丽堂皇的地毯，这些新来的移民和他撞个正着。迦南王让他的士兵们二十年来日夜压迫这些人，掠夺他们的财富，强迫他们从事各种苦役。

以色列人再也不敢光明正大地在空地上搭建帐篷了。他们穷困潦倒，面对城门前的乞丐的时候，连半片面包都掏不出来了。迦南人的统帅叫西西拉，有九百辆铁制战车，而以色列人什么兵器都没有。他们如此害怕西西拉，不停地向上帝呼喊求救。当时以色列的领袖是个叫底波拉的女子，她是个先知，通常坐在以法莲山的一棵棕榈树下，男人女人们都来找她，倾诉自己的苦痛，她就给他们出主意。

这时，上帝想起了她。她让人把一个叫巴拉的男人找来。巴拉是以色列军队的统帅，来自拿弗他利支派。他匆忙赶到底波拉那里。她对他说："以色列的神命令你带着一支一万人的军队登上他泊山！我会将西西拉以及他所有的战车和军队引到基顺河，交给你处置！"

"如果你也能一起来，"巴拉答道，"我才敢去。"

底波拉站了起来，说道："好，那我跟你一起去。不过，你要知道这样一来，你就名誉扫地了！因为上帝会看到打败西西拉的是一个女人！"

"是的，"巴拉尴尬地答道，"我大概知道会是这样的。"

两人动身。巴拉把来自各个部族的士兵召集在一起。他们都在迦南人手里忍受着种种压迫，甚至有许多志愿军是从多山的林区赶来的。他们的武器是盾牌和长矛。底波拉和巴拉一起率一万兵士上了他泊山。他泊山是神圣之地，位于以色列三个支派的交界处。

西西拉根本没有注意到对手的急行军。他让战车开动，沿着基顺河向他泊山进发。底波拉就在高高的山顶。当看到九百辆战车呼啸而来时，她对巴拉说："这一天到了，咱们要给西西拉将军一点颜色看看了！"

西西拉的战车在森林密布的山丘间被低矮的灌木牢牢卡住了。这时天空似乎打开了它的水闸，大雨倾盆，所有的道路都变成了泥潭和沼泽，车轮在洼地里打滑，最后所有的战车都没入了泥里。巴拉命令进攻。

雨越下越大，基顺河的水变成了狂野的旋涡，漫过了河岸，切断了西西拉军队里那些逃兵的生路。他泊山战役就这样结束了。但西西拉在最后一刻突然跳出了他那正在下沉的战车，赤着脚翻山越岭，逃往约旦河谷。

他在那儿看到了雅亿的帐篷。她的丈夫对西西拉的国王很友好。他们的营地在一棵橡树下，这也是神圣的寓意，所以西西拉认为在她那儿应当很安全。

雅亿果然迎上前去说："请进来吧，好好休息一下！"

西西拉拖着疲惫的身体,用最后一点力气挪进了帐篷,倒了下去。她给他盖了一块毯子。他请求道:"给我点儿喝的吧!我好渴啊!"她拧开皮袋,给了他一杯新鲜的羊奶,再把毯子给他盖好。

"真好,真好,"他叹道,"现在请你替我在帐篷口守着,若有人来找,你就说没见到什么人!"

然后他就精疲力竭地睡着了。雅亿却用重物把他砸死了。追赶西西拉的巴拉这时正好走到了橡树下的这座帐篷边上,雅亿迎上去说:"快来,你看看这个人是不是你要找的人!"

于是,两个女人就这样取得了一场关键性战役的胜利。

(《士师记》4.1—4.22)

路 得 *Rut*

在包括以色列在内的许多古老的东方国家里，婚姻这个词是不存在的。男女的结合没有宗教和社会意义，而更多的是一种纯私人的生活方式。它的真正意义在于：多子多福、传承财富和地产。

这两个原因都导致了以下原则的产生：爱情无足轻重，但一个男人必须对他的妻子——也是他家族的一份子——照顾终身，包管她的衣食住行，直至去世。当他花了大价钱娶来的原配妻子不能生育时，他就可以纳妾，把他身边的女人，包括婢女甚至女奴拉进帐篷。如果他只有女儿，没有儿子，女儿们就必须尽可能嫁给同一家族的男子。如果他在无子嗣的情况下去世，他的长兄就要接过他手中的接力棒，成为他妻子和女儿的丈夫和供养人。这样一来，姓氏和财产才能以家庭为单位传承下去。

对于女人而言，最悲惨的情况是家里没有男人。所以拿娥美才送两个儿媳回到她们自己原来的家族去。这三个女人的丈夫都过世了，她们孤苦无依，甚至有可能变成女奴或者饿死街头。

路得显示了她无与伦比的勇气和爱，她拒绝回到自己的摩押家族，而是选择留在衰老孱弱的婆婆身边，她知道如果不留下来，婆婆将会更加无助。路得是异乡的女子，来自“敌对的别国”。这个故事告诉我们，律法不能将这种排外的传统消除，但个人的态度、真诚的

爱与关怀却可以。

有一年，收成特别差，谷物和面包的价格疯涨，犹大支派爆发了严重的饥荒。伯利恒有个叫以利米勒的人，决心带着他的老婆拿娥美和两个儿子离开故乡，搬到死海东部的高原上去，那地方土地肥沃，就在一条穿越草原的河流的岸边。

那还是上帝指派领袖的年代，罗得的后裔——摩押人占领了圣城耶利哥，规定以色列人必须向其进贡十八年，但以利米勒和他的家人还是被接纳了。只是他搬到那儿没多久就过世了，他的两个儿子都娶了当地的摩押女子：俄珥巴和路得。可是没多久，以利米勒的两个儿子也过早离世，只剩下三个女人，三个寡妇孤苦无依。

婆婆拿娥美听说上帝又重新降恩赐于自己的故乡，那儿的饥荒结束了。她决定回到伯利恒。于是，她叫来两个儿媳，拥抱了她们，然后说："让我自己回去吧，你们就回到自己的娘家去！上帝会对你们仁慈和怜悯的，如同你们对我一样！"

两个儿媳哭成了泪人，她们起誓永不离开拿娥美："我们想和您一起回到您的家乡去！"

拿娥美摇了摇头："你们干吗要跟我回去呢？我已经太老了，不可能再找什么夫婿。我的孩子们，我真的舍不得离开你们，但是上帝的手打在我身上，他夺走了我的丈夫和儿子。"

两个女子哭得更凶了。最后，俄珥巴收拾了包裹，准备启程回娘家。她吻了婆婆的脸，向她道别。路得却仍然待在这位老妇人的身边，说："您的话不能说服我走，因为您去哪儿，我就会去哪儿，您想待在哪儿，我就跟您一块儿待着，您的家族就是我的家族，您的上帝也是我的上帝。您在哪里去世，我就要在哪里下葬。上帝唯一会对我做的残忍的事，大概就是死亡，因为那让我和您分开！”

拿娥美看出路得是认真的，她放弃了心中的矛盾和犹豫，带着路得回乡了。当她回到伯利恒时，所有路过的人都惊呼：“那是拿娥美吗？”

“是的，是的，”拿娥美答，“但从今往后别再叫我拿娥美（意为“甜美”）了，因为我的生活不再甜美了，请叫我玛拉（意为“苦难”）。当初我带着财富离开，如今却双手空空地回来，我被万能的上帝惩罚了！”

当时正是收割大麦的季节。摩押女人路得对拿娥美说：“让我出门，到田间去吧！我会找到允许我在他的田地里捡拾麦穗的人。”

“去吧，我的孩子，”拿娥美说。路得找到收割者正在忙忙碌碌干活儿的麦地。她紧紧地跟在收割者后面，捡拾他们在割捆麦子时落在田地里的麦穗。那其实是以利米勒的远亲波阿斯的田地，他是个富有、能干的男人。波阿斯也是伯利恒人，他正在视察田地，查看今年的收割情况。他好奇地问收割者：“那个捡麦穗的女孩儿是谁？”

“哦，”他们答，“那是个摩押女子，是拿娥美的儿媳，跟她一起回到伯利恒来了。”

波阿斯第一眼就喜欢上了路得，他走近她，友好地问候她：“你不需要再求其他人允许你捡他们地里的麦穗了，你就在我的地里待着吧，做我的婢女。我跟我的收割者说好了，他们会照顾好你的！你渴了就从我们的水罐里舀水喝吧！”

路得深深地向他鞠躬：“我，一个外地人，怎么好接受这一切？”

“我听说了你在以利米勒死后是如何对待你的婆婆的，你为了陪在她身边，离开了你的父母和家人，到我们这里来了，而你还一点儿都不了解我们呢。你就把这个当作上帝给你的奖赏吧！”

路得再次谢过了波阿斯。当其他人开始吃饭的时候，波阿斯叫她过来："你过来拿点儿面包吃吧，把这些面包片就着食醋一起吃！"

于是她和他们坐在一起，他递给她一些烤得香喷喷的谷粒儿，她吃饱后居然还剩了一些。等她回到田间，波阿斯对收割者说："你们多留下一些麦穗让她捡吧！"

路得一直捡到傍晚。当她把麦穗上的麦粒都搓下来时，发现已经装了满满一袋。她的婆婆惊喜万分，因为路得还把中午吃剩的饭菜摆到了饭桌上，让拿娥美饱餐一顿。老妇人问："你今天到底是在谁家捡麦穗呢？"

"那田地的主人叫波阿斯。"

"我要赞美上帝！"拿娥美呼喊道，"那是我们的亲戚，他是我们的继承人和保护人之一！"

"他要我在收割结束前一直待在他那儿做婢女，"路得继续说。

她遵守承诺，一直待到所有的大麦和小麦都被收割完为止。然后她回到了拿娥美身边。拿娥美对她说："我的孩子，我从来没有像现在这样希望你好过。今晚波阿斯会和他的奴隶与婢女们一起在打谷场打麦子。你要洗个澡，涂好香膏，换身干净的衣服，然后到打谷场去，千万别让人认出你来！等波阿斯吃完喝完，你要留意他到哪儿去睡觉。跟着他，等他睡着后把他脚边的毯子掀开，你自己躺下去。他会告诉你你该怎么做的，因为他知道我要卖我的地产。赎回土地的人也就必须承担起照顾你我的责任。如果你躺到他的脚边去，就意味着你我都希望他能买到咱们的地。"

路得听得很明白，她也完全照做了。当波阿斯吃完喝完后，心满意足地站起来，在谷堆后面找了一块地方睡觉。路得轻手轻脚地跟在他后面，把他脚边的毯子掀起来钻了进去。

午夜时分，波阿斯醒了，他吃惊地发现毯子下面有个什么东西。等他起身弯腰一看，发现脚边躺着一个女子。

“你是谁？”他在黑暗中轻声问道。

“我是路得，您的婢女，”她答，“请把您的毯子盖在我身上，因为您是我们的保护人。”

波阿斯把路得拉了起来：“愿上帝保佑你！你来找我，向我示爱，而没有跟那些年轻的收割者一起私奔。别害怕，我会做你想要我做的一切，只要是正确的事。因为全城的人都知道你是位有美德的女子。可是在继承你们家土地的人员排序里面，排在我前面的还有一个人，他比我离你们的血缘关系更近。你可以在我这里过夜，等天亮后我会让他作出选择，看他是否会承担这义务。如果他真的要买这块地，那我也毫无办法。如果他不要，我一定会买下它，娶你——我向上帝发誓！现在安静地睡吧，我就在你身边守护你。”

路得笑了，她滚到了他的脚边一直睡到拂晓。由于天还是很黑，没人认出她。她起身的时候，波阿斯帮她放哨，确保没人见她来过打谷场。

但她离开前，他说：“铺开你的头巾！”他在头巾里装满了大麦，直到多得快装不下了才停，然后把它捆得严严实实的，放在她肩上的背囊里。

到家后，路得把自己的经历全部告诉了婆婆。拿娥美说：“别激动，孩子，你还需要等待。因为这个男人还不能安心，他得把他的计划执行到底。”

这时，波阿斯已经到了城门的集会广场，坐了下来。没过多久，掌握第一继承权的男人也来了，人们叫他“赎回者”。

“你过来，”波阿斯说，“坐到我这儿来吧！”

那人接受了邀请。波阿斯又叫来了十位城中最年老的长者，请他们也坐过来。他对“赎回者”说：“拿娥美要卖地，那是她那死去的丈夫的遗产。我想跟你商量一下，也算是个请求：在城里最有声望的长者的见证下，你要买下它。如果你不想买，就轮到我了。”

那人回答道：“当然，当然，那块地很好，我当然想买下它。”

“很好，”波阿斯答，“但你一定知道，如果你买了拿娥美的地，你就得照顾摩押人路得——以利米勒死去的儿子的妻子，好让逝者的名字继续在这块土地上传承。”

“我的天啊，”“赎回者”喊道，“如果是这样，我还不如放弃算了！我可不想损害自己原有的继承权。你行行好拿去这块地吧，我不想要了！”

当时在以色列有这样一个习俗：如果你想让一笔交易或者物物交换具有法律效力，就送给你的生意伙伴一只鞋作为信物。于是“赎回者”迅速地脱下一只鞋递给波阿斯，在十位长老面前确认他要放弃买地。

这时，聚在城门前的长者和好奇的看客一起高兴地欢呼起来：“是的，我们是见证人！”他们向波阿斯和路得献上了所有的祝福。

上帝一定也知道了这一切。因为不久路得就生了一个男孩。邻居们路过，惊讶地发现了这个孩子，对拿娥美说：“谢天谢地！你现在有了可以让你宽心和操心一辈子的人了！这是那个爱你的儿媳所生的孩子，他比你自己生七个儿子还要珍贵啊！”

拿娥美笑了，她把孙子揽入怀中，紧紧抱在胸前。她守护着他，把他养大。这孩子以后又生了一个儿子，他儿子的儿子就是以色列国王大卫的父亲。

（《路得记》1.1—4.22）

Simson und Delila

参孙和大利拉

《旧约》中有许多极其恐怖的故事，名副其实能够引起人恐惧的故事。但这些故事不是被搜集者一次性写下、读一遍就束之高阁的。它们总是不停地被重新阅读、讲述和转述。有时是三两人坐在一起讲，有时是长者讲给自己的晚辈，总之这些故事是开放的，每个讲述者在讲述时都可以在心灵深处有不同于昨的体会。

参孙是一位遭遇恐怖的悲剧英雄。可是，三千年前的智者为什么不能让它体现上帝的威力和智慧，从而让它不仅仅是个恐怖故事呢？参孙跟任何其他人都不一样。他最强壮，最有力量。他被利用了，他的力量也被利用了，连他爱的女人也利用和背叛了他。可是，没人能将他制服和驯化，更无法让他害怕。他依然是那样陌生和强大。因为拒绝顺从这个世界，他被击倒了，被最沉重的铁链锁住了。人们爬到高处望着他，尖酸刻毒地奚落和嘲笑他的可怜下场。他终于被制服了，无助地承受着侮辱和好奇的目光。到底发生了什么？这就是上帝的公平正义吗？

《旧约》里一再显示了上帝不明察秋毫的一面，但同时也体现了他的忠诚。参孙一生下来就被奉献给上帝了，上帝赐予他力量，让他能逃脱任何危险。但根据天使传达的神谕，参孙绝对不能剪掉自己的头发。可是，他受到了诱惑，没有遵守这一戒条。他对头发的事并不在意，但他应当知道，上帝是介

意的，所以上帝要求参孙报以同样的忠诚，以他所有发鬈的名义。

以色列人曾经在非利士人的残暴统治下生活了四十年。当时有个叫玛挪亚的男人生活在琐拉，他的妻子一直没有生育。

一天，上帝派一名天使显身，向他的妻子承诺会给她一个儿子，但打他出生那天起就要被奉献给上帝，他会从非利士人的手中解放以色列。她飞快地跑到玛挪亚那里，说道："一个男人来找我。他看上去像上帝的特使！他让我好害怕！我没有问他是哪里来的，叫什么名字！"然后她把天使所说的话一五一十地告诉了丈夫。

玛挪亚赶紧向上帝祷告，祈求他让天使再来一次，好告诉他们到底应该怎么做。上帝的特使果然又一次来到玛挪亚妻子的面前。当时在田间的她飞快地跑到丈夫那儿，上气不接下气地说："他又回来了！那个男人，最近在我面前显身的人！"

玛挪亚放下手头的一切，起身随妻子赶去田间。天使还耐心地在原地等候他们。

"你是那天跟我妻子说话的人吗？"玛挪亚紧张得喘不上气。

"是的，"天使回答说，"那就是我。"

"我们应该怎么做呢，"玛挪亚问，"如果你的话是真的？"

"要照顾好你妻子，别让她喝葡萄酒和啤酒，别吃不洁净的东西，还有绝对不能剪孩子的头发！"

"哦，"玛挪亚说，"我想邀请你一块吃顿饭，我会为你准备一头小山羊……"

天使笑了："我不能吃这些东西。不过，如果你愿意将这头小山羊作为燔祭献给上帝，上帝一定会很高兴！"

玛挪亚还没理解这个站在他田间的人其实是个天使，他问:“你叫什么名字？如果一切都应验了,我们真的很想感谢你！”

“别问我的姓名,这是秘密！”天使说。

玛挪亚这才沉默不语,心中充满了敬畏。他在田地的一块岩石上献了燔祭,只见火焰旺盛地燃烧起来,天使在火焰中升上了天空。他和妻子扑在地上,吓得不停打寒战。

玛挪亚的妻子很快有了一个儿子。她给他起名参孙。参孙很快长成了一个强壮的小伙子。许多次的冒险经历都让他显示出了非凡的力气。他能空手放倒一头狮子，能用钓钩拉起城门，能用驴子的下颌骨打倒一群敌人。非利士人开始害怕他了。

不久,他爱上了一个叫大利拉的女子。没过多久,非利士的几个首领就来找她,向她许诺,如果她能解开参孙大力之谜,并把这个秘密告诉他们,她就可以得到一千多个银币作为奖赏。

大利拉尝试了三次。参孙骗了她三次。她生了三次的闷气,却没有在他面前表现出任何怒意。相反,她强忍住眼泪,向他抱怨:“你一直都说爱我,可是你在撒谎。你让我如此失望！”

她不停地抱怨和谩骂,让参孙饱受折磨,终日没精打采。最后,为了让灵魂安宁,他向她敞开了心扉,告诉她:“如果我的头发被剪掉了,我就会失去所有的力气。”然后,他就精疲力竭地睡着了。

大利拉却马上派人到非利士的首领那里捎去口信。首领们携带着一大包银币到达了,他们贪婪地看着她把参孙的头放在膝间,一点点剪去了他的头发。

参孙变得和普通人一样虚弱了。非利士的首领们跳到他身上,弄瞎了他的眼睛,随后把他拖到加沙,投进监狱,给他拷上了一条沉重的铁制枷锁,让他在狱中碾谷子。在那儿,他又开始长头发了。

非利士人喜气洋洋,他们逮住了强大的敌人参孙,要在寺庙里举行盛大的庆典。最后所有人都喝得醉醺醺的,其中一个突然喊:“咱们为什么不让参孙过来供咱们取乐呢?”

参孙被人从狱中押到了寺庙里,他对牵着他的手的男孩说:“让我靠着这座庙宇的柱子吧,这样我就能抓得牢一点了。”

寺庙里挤满了男人和女人。非利士的首领们坐在第一排,完全是胜利者的姿态,在房顶上还挤着几百个好奇的看客,他们都想看看著名的大力士参孙是怎么变成瞎子和弱者的。

参孙向上帝呼喊,祈求他最后一次赐予自己力量。然后,他使出浑身的力气,猛烈地摇动并推倒了那些巨柱。庙宇倾倒了,所有人都被压死了,包括参孙。

他的兄弟和全家人从废墟中找回了他的尸体,把他背到他们自己的土地上,把他和他的父亲玛挪亚葬在了一起。

(《士师记》13.1—16.31)

Saul und David
扫罗和大卫

穿越沙漠的人不需要什么国王，阳光和雨水决定他的生死，也决定他的牧群的生死，泉眼和草地决定他行路的方向。

可是当以色列人从埃及逃出来，又获得新的土地时，他们的生活准则也发生了变化。北方的几个支派逐渐结盟，称以色列，而南方的支派结为犹大盟。自此，国家制度、边境和军队领袖都应该立刻确定下来。因为东部的强盗贝都因人骑着骆驼一再侵犯没有防御工事的以色列人，西部则被强大的航海民族非利士人占据。他们来自何方，无人确知，有的说是希腊列岛，有的说是邻近的北部地区。他们既富裕又强大，善制铁器，能打造锋利的武器和刀具。他们不留胡须，而是把整个面颊刮得光滑干净。他们驻扎在海边和山脚下的平原上，完全控制了海洋贸易。后来，他们把这块地区命名为巴勒斯坦。

他们对以色列的部族构成了强大威胁，强迫他们走向统一，这就是以色列王国建立的原因。但非利士人也结成了一个由五个城市组成的同盟，以便作相应的军事准备。

有一位英雄人物，在《旧约》的故事中尤为突出。他的故事与以色列人和非利士人的连年征战有关——他叫参孙。他的家人并非在非利士人来之前搬进了山里，而是一直在老家居住。

牧羊男孩大卫的光芒则又遮盖了他。他战胜了非利士人的巨人士兵歌利亚，后来还

当上了国王。可后来他的生活失去了方向，居然数年间为不共戴天之敌卖命，最终为自己引来了深深的罪责。

大卫时代，以色列的许多子民已经在那儿定居下来了。他们砍伐木料，尝试将荒野和草原变成耕地。他们到地广人稀的地方安家落户，人丁逐渐兴旺。对他们而言，扫罗是个好国王。

他最初被描述成一个魁梧英俊的王，可他失败了。跟邻国打的几场胜仗冲昏了他的头脑，他变得高傲和贪婪，如同那些好战民族一样掠夺成性，忘记了上帝的诫命。因此，他逐渐被人蔑视，失去了以色列王应有的尊严。

尽管心怀仇恨和嫉妒的扫罗位居大卫之后，他仍然会为自己的敌人哀悼。扫罗和大卫，尽管拥有力量和美誉，却和任何一个普通人一样不完美。他们必须与这种不完美共生。他们的故事告诉我们，一个人在他的能力范围内可以成长，也可以灭亡。

到士师年代的末期，上帝很少发话了，也没人再看到什么异象。即便儿女们对上帝不敬，父亲们也三缄其口。非利士人反复骚扰以色列人，使他们不得不卷入战争中。

到处都是战场，却没人能获胜。在危难之中，长老们向上帝呼救："请让我们取来约柜吧！上帝应当与我们同在，解救我们于强敌之手！"

上帝让他们遂愿。在以色列人的营地里爆发出一阵猛烈的欢呼声，震得地动山摇。非利士人也听到了这呼声。当他们弄明白这种欢天喜地的呼喊意味着什么时，也开始恐惧和唉声叹气起来："这种事以前还从来没有发生过！现在谁来救我们呢？战斗吧，大伙儿们，要战斗，不然我们都会成为侍奉以色列人的奴隶，如同现在他们侍奉我们一样。"

于是他们如雄狮一样浴血奋战，打赢了以色列人。以色列人逃跑了，没人管那个约柜，它被遗忘在战场上。非利士人夜里悄悄潜回，将约柜拖走了。在七个月的时间里，他们将它从一个地方扛到另外一个地方。把它放在庙宇里非利士人所信奉的神的旁边，那些陶制的立式雕像就会跌落下来，发出刺耳的声音。它被放在市集的时候，非利士人都会患上黑死病。当它被放在谷仓中时，大群的田鼠就会蜂拥而至，将收成吞噬得一干二净。

非利士人看到那圣物将抬它的人压得摇摇晃晃，这才大喊起来："离开这个约柜吧！我们不想要它了！我们可不想找死！"可该拿它怎么办呢？

"还给以色列人！"长老们说。非利士人把丰厚的金子做的礼物装满一车，偷偷地运上山去。

当时以色列的士师是撒母耳。年复一年，他在这个国家里穿行，在不同的地方讲道，然后又回到拉玛，因为那儿有他亲手造的房屋和祭坛。

后来他老了，已经很难再顶着严寒或酷暑游历以色列和犹大，便让他的儿子们继承士师之位。可惜，他们全都是无能之辈，收受贿赂、违法乱纪、放肆无度，引得众长老们集会请求撒母耳立一位国王。

老人觉得不妥，就问上帝："你怎么看这事？"

"自从我把他们领出埃及，他们就离我越来越远，"耶和华说，"他们不想让我当国王，却想从你们中间挑一个！国王会有的。但是你要提醒他们付出的代价：新国王将会把他们和他们的儿女抓去打仗，他们还要收割庄稼、保证收成，制造兵器和战车。他们的女儿要调制香膏、煮饭、烘烤食品等。他们最好的酒庄和田地也会被掠走，在官员之间转送。他们的剩余收入包括牧业收入需要额外交付十分之一的税。他们的奴隶和婢女也将为国王所用。他们将服徭役。当他们明白过来这是自寻麻烦时，就会向我呼救。然而我会坐视不管。"

撒母耳如实把耶和华的神谕向各长老和百姓转达，可他们固执地说："闭上你的嘴！给我们一个国王！我们想和其他民族一样拥有一个王！"

撒母耳沉默了，他心情沉重地说："回家去吧，我再想想有什么办法。"

这时，便雅悯支派有个家道殷实的农夫的儿子叫扫罗，他年轻英俊，气质不凡，比自己老家的人都高出一头。

一天，他父亲的驴走失了，父亲打发扫罗和他的仆人去找驴。两个人穿越了灌木林、草原和森林，却找不到一丝线索。

三天过去了，扫罗精疲力竭："咱们回家吧，比起那几头驴来说，我的父亲更担心我的安危！"

仆人回答说："前面就是拉玛，那儿住着一个叫撒母耳的智者。他的话总能应验，也许他能帮我们！"

"但是我们没什么可以送他的，就连面包都吃完了啊，"扫罗反对道，"向先知请教的时候通常都是要送东西的。"

"你看，"仆人说，"我裤兜里还有一块银币，送给他吧，让他给我们指条正确的路。"

于是这俩人使出最后的力气，饥肠辘辘地启程去拉玛了。坐在泉边的一个女孩告诉他们如何找到撒母耳。

可是，耶和华已向老士师和先知撒母耳告知了扫罗的到来："你必须帮他成为我的百姓的王。"

扫罗在城门前遇见了撒母耳，后者立刻明白了他是谁。还没等他开口，扫罗便问："告诉我，先知住哪儿？"

"跟我一起到圣山去，"撒母耳说，"别再想你找了三天驴这件事情了，事实上它们已经被找到了。你是以色列所有人的渴望。"

"渴望我？"扫罗不知所措，"我只是从以色列一个极小的支派出来的，来自这一支派极小的家族！你怎么可以说出这些话？"

撒母耳抓着扫罗的手，领进了自己的家，又邀请了三十个有智慧且敬畏上帝的男子一起参加。他安排扫罗坐在贵宾席上，享用最好的肉。所有人都凝神看着扫罗，这次他们无需只言片语就能达成一致，因为第二天撒母耳就带着这个年轻人爬上了圣山，说道："我想向你转达一下上帝的口谕：我们伟大的主将选你做以色列的王！"

说罢，他拿起一只壶，将圣油涂在扫罗头上，完成了封王的仪式。上帝改变了扫罗的想法。他明白了人们在他身上期待着什么，当他被以色列所有支派选为王时，他终于接受了这个选择。

但是，有些卑鄙小人在背后嘀嘀咕咕，问："这家伙能帮到我们什么呢？"

他们嘲笑扫罗，轻蔑地跟他讲话。扫罗装作并不在意，可内心却非常清楚："天将降大任于我，必先苦我心志！"

那时候，以色列人居住的地方没有铁匠，非利士人守护着制铁的秘密，不希望希伯来人生产长枪短剑。他们需要农具如犁头、锄头、斧头和镰刀的时候，都必须到非利士国的海边去。但扫罗不怕这个，为保卫边疆，他与以色列的所有敌人作战，包括摩押人、非利士人和其他几个相邻的国家。他和他的儿子约拿单只带了剑和矛两种兵器，可是他们依然取得了所有的胜利。扫罗勇敢无畏，从所有支派里面挑选最强壮、最无畏的男人为他服务。

但是他也有点儿独断专行，认为不需要时刻听从上帝的指令。有时他认为上帝的命令不正确，却认为自己的做法更高明。

一次，打过胜仗后，上帝命扫罗将所有战败者的牧群消灭掉，可扫罗看到那些公牛膘肥体壮、雪白的羊毛发出丝光时，便想："我为什么要把它

们消灭呢？我要挑出最好的牲畜来，其中有些拿来做燔祭，那帮小气鬼就会相信我了。"

这惹怒了耶和华，扫罗问撒母耳："为什么呢？我已经尽力按他的要求去做了啊！"

"你贪婪地攫取战利品，却听不到主的声音了！"撒母耳悲伤地说，"你难道不了解上帝要你服从他，胜过你所能奉献给上帝的全部祭物？骄傲自大跟坑蒙拐骗、顽固不化、偶像崇拜一样，都是罪。上帝是以色列真正的王，你不理睬他的话语，他就会把你抛弃！"

"哎，"扫罗叹口气，"我犯了罪，是因为没有听从上帝的话，而把最好的东西留给了百姓。你就不能代我向他求求情吗？"

"不行，"撒母耳背转过身。

扫罗大喊大叫，由于坐在岩石上过久，等起身时撕坏了一个衣角。

"你看，"撒母耳说，"今天上帝果然将以色列国王的名誉从你身上拿回了，他要找一个比你更好的王。"

撒母耳忧心忡忡地走了，这是扫罗死前他们两人之间的最后一次见面。

上帝对他说："别再为扫罗难过了，在你的号角上涂上油，去伯利恒找耶西，我从他的儿子中挑选一个。"

"这个要求是不是有点过分了？"撒母耳问，"扫罗肯定很快就会知道，他会掐死我的！"

上帝完全没理会这个疑问，继续说："带上一头小牛犊，心里默念：'我要把它献给上帝！'然后你邀请耶西一起来祭奠。之后我会告诉你该怎么做。"

撒母耳连连叹气，却听从吩咐，挑选了一头肥美的小牛犊，用绳子牵到伯利恒去。长老们殷勤地迎上去，因为一个与上帝对话的先知的到来，一定具有特殊意义。他们胆怯地问："你是带着和平而来吗？"

“当然，”撒母耳回答，然后他就做了上帝所吩咐的一切。耶西带着他的七个儿子前来燔祭，撒母耳观察其中最年长的那个，心想：“这肯定就是他了！”

可上帝突然对他说话：“别被他那强壮的身体所迷惑，其他几个人同样强壮。人只能看见他眼前的东西，上帝却能看进内心。”

上帝在任何一个儿子身上都未给出什么标记。撒母耳问耶西：“这就是你所有的儿子吗？”

“不，”耶西说，“我最小的儿子还在草场上牧羊呢。”

“那让他过来一下！”撒母耳命令。不一会儿，最小的儿子也来了。他有着金色的头发、清澈明亮的眼睛和英俊的外表。上帝对撒母耳说：“动手吧！给他涂圣油吧。他就是我所选择的人。”

撒母耳拿出一小瓶橄榄油，给站在兄弟们中间的大卫洒了几滴，从这一天起，圣灵便与他同在。

撒母耳回到了拉玛，谁也没有提起他将年轻的大卫立为王的事。因为扫罗是被民选出的王，也将一直都是。可是，圣灵已经离开了他，一个恶灵占据了他的心，折磨着他。那是不和、谎言和恐惧之灵，是被上帝遗弃的灵，它啃噬着这位王的心，将他抛弃于最黑暗的绝望之中。

仆人们终日带着恐惧跟随着他，担心恶灵会对他做出什么不好的事。那时的人们相信，音乐可以减轻痛苦、驱逐罪恶的思想和灵魂。因此他们对扫罗说：“请允许我们找一个会弹竖琴的人，当恶灵袭击你的时候，他在前面演奏，你就会好很多。”

“就按你们的想法做吧，”扫罗说，“可是到哪儿找这样的人呢?”

“我认识耶西的一个儿子，他既英俊又勇敢，他能弹竖琴，上帝也与他同在。”

“听上去很不错，”扫罗说着，立刻派了一个信使找到了耶西，请求他将自己的幼子送过来。耶西感到非常得意，因为国王居然会叫自己的儿子过去。于是，他备了一头驴，驮着面包和一壶葡萄酒，又用绳子绑了一头公山羊，就送大卫出发了。

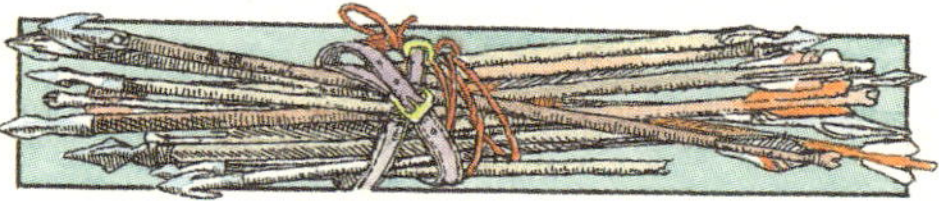

大卫来到了国王的宫殿，感到非常满足，还做了兵器搬运工，就是在战斗中紧随士兵身后，为他们提供矛、剑和弓箭等武器，以便士兵们无论是进攻还是防守时都不会手无寸铁。国王非常喜欢大卫的竖琴演奏，便告诉他的父亲：“大卫就留在我身边吧，我非常喜欢他。”

每次，当国王被恶灵袭击时，大卫都会为他一边弹竖琴，一边编歌来唱。没过多久，扫罗就恢复了健康。

这时，非利士人的军队重新集结，攻打以色列人在犹大梭哥城的营地。因此扫罗和以色列的男子都必须奔赴前线，在山上一条河流的岸边集结，此时非利士人正在山谷的另一边布阵。

突然，非利士一方出现了一个开路先锋。他有三米高，武器装备十分华丽，青铜制的钢盔、铠甲、胫甲一应俱全，颈上挂一把弯刀，手持长矛，矛柄粗如织布机卷轴，矛尖是铁制的。他的盾牌搬运兵已经冲在了他的前面。这个巨人的名字叫做歌利亚。他冲在非利士军队的前列，浑身的战甲叮当作响。他用雷鸣一样的声音对着山谷里的以色列人喊：“你们在这儿站着干吗？赶紧选一个人出来和我对战。他赢了，我们就是你们的奴隶。我赢了，你们都要成为我们的奴隶，为我们服务。”然后他笑着大喊：“今天我可算把以色列人嘲笑了一番！”

以色列人听到他的咆哮和吼叫，吓得两腿发颤。他们的军队在山谷里待了整整四十天。四十个昼夜，每个清晨和黄昏，歌利亚重复地挑衅和嘲

笑，每一次都比上回更猛烈。

这时，大卫不必为扫罗演奏，他回到了父亲的家中。但是战斗的以色列人中有三个是他的哥哥。一天，耶西让自己的小儿子带着面包、奶酪和烘烤好的谷粒到以拉山谷的营地去，看看他的哥哥们过得好不好。

大卫在晨曦中上路，抵达山谷时，以色列人正在为下一次的“屠宰场”布局。他让满载着东西的驴子停在辎重队中，自己则穿过层层士兵，钻进了他哥哥们所在的第一排。还没等他开口说话，山谷那头的巨人歌利亚就冲了过来，开始嘲笑以色列人。

以色列人一边逃一边喊：“谁要是能打败他，国王就会让他富有，还会把女儿许配给他，他的全家都将在以色列享受免税的待遇！”

“这是谁啊，”大卫问旁边的士兵，“他怎么敢如此羞辱上帝的战场？”

他最年长的哥哥愤怒地对他说：“你来干什么呢？你是要把这些羊往火坑里推吗？我算知道你了，夸夸其谈又幸灾乐祸的家伙！你只会看着我们打仗，自己却做看客！”

扫罗听到大卫来了，就吩咐人把他叫来。大卫远远地喊：“没人在这个非利士人面前失掉勇气！我会和他作战的！”

“可是你完全不会啊！”扫罗生气地说，“你太年轻，他却已经是个经验丰富的战士了。”

大卫笑了：“您的仆人我一直为父亲看管羊群。有时狮子或熊出没，要将一只绵羊拖走，我会跟在它们后面，猛地把它们的嘴撕开，救下绵羊。要是这野兽袭击我，我会抓紧它的鬃毛，把它一拳打死。耶和华保护我不受狮子和熊的袭击，也能保护我不受非利士人的伤害。”

扫罗犹豫了，便说：“那去吧，但你得戴上我的盔甲！”

“不用了，谢谢，”大卫回答，“戴上它我就动不了，我不习惯用这个。”

他伸出手去，用手杖从溪间拣了五块光滑扁平的石头放进挎包里，背着弹弓站到了歌利亚的面前。

那家伙难以置信地看着他，大笑起来，身上的铜盔铁甲叮当作响："这是怎么回事？难道我是条狗吗，你居然带着根棍子就来了？但是，放马过来吧！我会把你的肉分给天上的飞禽和林中的猛兽吃的！"

大卫喊道："你带着长矛、利剑和弯刀，我却是为上帝的名义而战——那个你所嘲笑讥讽的神！我一定会战胜你！我会把你的肉分给天上的飞禽和林中的猛兽！"

当非利士人和以色列人开始交锋时，大卫跑到了最前线。他从包里拿出一块石头，放在弹弓上打了出去。歌利亚的额头中"弹"，伴随着铜制铠甲轰隆隆的一声巨响，他摔倒在地。大卫跑上前去，从歌利亚的剑鞘里拔出剑，将歌利亚的头一剑砍了下来。

以色列人欢呼胜利，非利士人在悲号中丢盔弃甲而逃，他们一直被驱赶到这个国家的边境。

扫罗在宫中听到了这个消息，却一点也高兴不起来。嫉妒和猜疑的恶灵又一次吞噬他的灵魂。当大卫拿起竖琴，为取悦他而演奏时，他居然拿起长矛向大卫投掷过去。矛没有投中，他怒火中烧，拿起身边的另一支矛再次向他投去，依然不中。

大卫吃惊地呆立着。国王第二次掷矛不中，瘫倒在地，他意识到上帝已经不在他这一边，于是沮丧地离开了。当恶灵离开他的灵魂时，他又想尽一切办法要与大卫言和，他把自己的女儿米甲许配给大卫，又封他做军队统帅。可是他的妒忌心总是不停发作。他无法忍受约拿单跟大卫情同手足，妄图用谎言在他们中间制造不和。然而一切都不起作用，他再次拿起长矛向大卫掷去。这时大卫逃跑还来得及，他连忙跑出了房间、跑出了宫殿,在精疲力竭之时到了家。

是夜,扫罗派刽子手去跟踪大卫,让他们在大卫家附近埋伏,随时准备袭击他。这时米甲守护着在疲惫中沉睡的大卫,听到了外面窸窸窣窣的脚步声。她向大卫弯下腰,对他耳语说:“你得走了,立刻出发,趁着现在天还黑着!否则明天一早,我父亲的仆人就会把你杀掉!”

大卫拥抱着她,一句话也说不出。她帮他从后窗跳了出去,在夜的守护下潜逃。米甲把一个陶制的偶像放在大卫的床上,用一块山羊皮裹住头,再在身上盖上大卫的袍子。

第二天一早,国王的刽子手闯进屋,要带大卫走。米甲大哭大喊:“你们不能把他带走!他病得很厉害,卧床不起了。”

刽子手向扫罗报告了这个消息,扫罗怒吼道:“那你们也应该用床抬着他来见我!”

刽子手又回到大卫家中,当他们把床抬起来时,意识到了里面躺着的是什么。

他们几乎不敢向扫罗汇报。可惹扫罗真正生气的不是他们,而是他自己的女儿。“你怎么敢骗我?”他吼道,“你怎么能放走我的敌人?”

米甲扑倒在父亲脚旁,好让她的目光不泄露什么秘密:“他威胁过我,说我不帮忙的话他就掐死我。”

“你现在知道他是什么人了吧!”扫罗怒不可遏。

这时候,大卫已经跑到撒母耳在拉玛的家中,暂时安全了。他请求约拿单来找他。“我犯了什么罪?”他痛诉,“我犯了什么罪,以至于你父亲——国王陛下想要我的命?”

“他不可能这么做,”约拿单肯定地说,“而且我父亲绝对不会在没和我商量的情况下就作什么决定的!他有什么要瞒我的呢?”

“哎，”大卫回答，“你的父亲知道我们是多好的朋友，他肯定不愿意让你难过！但是以上帝的存在起誓，我当时离死亡只有一步之遥。”

约拿单心情沉重，问道：“我能为你做什么？”

“明天是新月，”大卫说，“照理说我有义务参加你父亲举办的宴会。但我不愿意去，我会躲在旷野的一块岩石后面。当国王问起我时，你代我向他致歉。如果他的语气听起来很平静，那一切都没事，但如果他愤怒地诅咒我，你就知道他是想要我的命了。”

“这不可能！”约拿单喊着，“如果真的有这种事，我一定会警告你。”

“怎么警告呢？”大卫问。

“明天你还在你说的地方藏着。我会在宴会后装作想要射箭的样子。如果万事顺利，我的射程就会很短，而且我什么也不会说；如果你对了，我就会把箭射得远远的，大声唤着我的仆人：给我把箭找回来，你们得小心，它们在很远的地方。”

就这样，扫罗在宴会时再一次陷入愤怒，诅咒大卫。约拿单震惊地跑出了旷野，箭在弦上，他如约把它们射到尽可能远的地方，又命令他的仆人把这些兵器带回家。

仆人还没走，大卫就从石头后面跳出来，扑倒在约拿单面前。忠诚的约拿单扶起他，他们哭泣着拥抱在一起。

随后，两人互相道别。约拿单回到扫罗那儿。大卫没有了妻子，也失去了家园，除了逃跑别无可能。他先是藏在一个祭司那里，祭司给了他面包和歌利亚的剑。可是扫罗知道了这事，对那个可怜的老祭司做出了极为残忍的报复。大卫意识到自己对任何一个为他提供庇护的人来说都构成了生命的威胁。于是他召集那些被扫罗王追捕迫害的男子，搬进了大山中，在茂密的、绵延不尽的橡树林中安营扎寨。他们有时为非利士人打仗，有时和非利士人打仗，那是一段动荡不安、危机四伏的时光。

一日，在旷野中忍受着寂寞的大卫碰到了约拿单。这个扫罗的儿子拥抱着他说：“你别怕！扫罗的手不会伸到你这边来的。你会成为以色列的王。”

他们在夜的黑暗中长久地坐着，时而聊天，时而静默。晨曦中，他们再次分手。大卫带着自己的部下回到山中，但有个牧人发现了他们，暗中向扫罗泄露了他的行踪。

国王立即下令：“睁开你们的眼，看看大卫到底躲在哪里，然后回来向我汇报！要小心他，因为他实在狡猾又聪明！”

扫罗自己也随军开始了追捕，但大卫和他的部下熟知山中所有的路和洞穴。碰巧扫罗找到了一个山洞进去解手，那正是大卫的藏身之处。

“我们逮住他了！”大卫的部下跟他耳语，随手就拿起剑要去砍。

“不，”大卫悄声命令他把剑放回去，“他是上帝立的王。你这样把他杀死，就犯了大罪了！”

他悄无声息地爬到国王那儿，用剑将扫罗的长袍割下一块，迅速地退回到阴影里。等到扫罗从洞里出来，他便跳了出来，喊道：“我的王！”

扫罗吓得动弹不得，吃惊地环顾四周。

大卫双膝跪地，申诉道：“为什么您要相信那些人说的话：大卫是您的不幸？今天，上帝把您交到了我的手上，可我并不想伤害您！您看——这是您长袍的一角，我曾经如此地接近您！您在追捕谁呢？上帝是我们共同的审判者，他已经把我从您手中救下了！”

“哦，”扫罗喊，“这不是你的声音吗，我的儿大卫？”他羞愧万分，热泪夺眶而下。“你比我更公正！你向我示好，我却加

害于你！上帝会奖赏你今天对我做的这一切的。我知道你会成为以色列的王。但你要许诺我，不要伤害我的后代，也不要把我的名字从我祖先的名册中删掉！”

大卫答应了他。扫罗回家了。大卫和部下重新回到山里。他总在为这些部下们操心，要为他们找休憩的地方和食物，因为他们不会放牧，也不想去任何地方——他们不信任扫罗。

大卫的一些部下曾经帮助一个拥有一千头山羊和三千头绵羊的富户守护他的羊群。他们整夜守在那里，确保没有一只野兽来袭。这个人叫拿八，他的妻子叫亚比该。亚比该聪明又漂亮，但拿八却残暴而阴险。

大卫听说拿八要剪羊毛，就派了十个年轻人到了迦密。他们要拿八看在当年他们曾帮他干活以及他们正直的品质上，把多余的食物送给他们。

拿八却对他们严辞训斥：“谁是大卫？这儿抢主子粮食的奴才够多了。我为什么要为一帮乌合之众杀一头羊呢？还要给他们面包和水？这帮人我连认都不认识！”

大卫听到拿八的话后愤怒不已。他拿起剑，命令部下也武装好自己，带着四百人向迦密进发。

有个牧人偷偷告诉亚比该，大卫的部下今天来找过拿八，拿八对他们冷嘲热讽了一番。“大卫的部下曾帮了我们多大的忙啊！他们保护我们，也保护羊群，一只羊也没丢！现在大卫一定会复仇的，但我不敢提醒拿八。他性情暴躁，不会听任何人的劝告！”

亚比该谢过他，立刻去了仓库。她知道该怎么做。于是她偷偷地装好了两百个面包、两桶葡萄酒、煮好了的五头羊的肉、五桶面粉、一百个葡萄干蛋糕和两百个无花果蛋糕，让驴子驮着。她让仆人走在前面，牵着驼畜，自己则跳上一头驴，在夜里朝着山路进发。

没过多久，他们就碰到了下山的大卫和他的部下们。亚比该急忙从驴上溜下来，扑倒在地面上。

“哦，我的主，”她说，“请让你的婢女跟你说话，向你道歉！我不知道你的部下曾来过我家。但请不要降罪于那个蠢人——我的丈夫。你将成为以色列的王，你的灵魂如此纯净，你绝对不愿意双手沾满鲜血吧！”

大卫把她扶起来，感激她，把她带来的所有东西都收下了。“平平安安回家去吧，”他说，“我会听你的劝告。”

亚比该回家的时候，拿八正和自己的酒友们享用丰盛的筵席。他醉得厉害，亚比该没法跟他解释发生的一切。第二天一早，醉意渐渐退去，她才向他描述了昨天跟大卫见面的情况。拿八非常害怕，大受打击患了病，十天后就咽气了。

大卫派了一名信使去找亚比该，问她愿不愿意成为他的妻子。她欣然答应了。

扫罗却仍然让他们不得安宁。他又一次踏上了追剿大卫的路，而大卫又一次地让他难堪。他在夜里穿过卫兵和哨兵的层层防守，钻进扫罗的帐篷，将长矛插在熟睡的国王枕边的银制水杯中，然后叫醒了扫罗。国王从梦中惊醒，害怕得要命，而大卫又一次饶恕了他。他又一次翻然悔悟，承诺安守和平。

大卫在回去的路上想：“迟早有一天扫罗的密探会把我抓住的！”

他决定带着部下投奔非利士人。第二年，他便与南部边境的几个部族交战。但当非利士人要进攻大卫自己部族的人时，他们并不参战，因为非利士人不信任大卫。

所以，当扫罗和他的三个儿子战死的时候，大卫并不在旁。他彻夜痛哭，为扫罗和约拿单唱起挽歌。这首歌及以后的许多歌，使他像诗人一样名扬天下。此后，耶和华把他送回了犹大，他被拥立为犹大支派的国王，统治了七年。这时，他的妻子米甲也回来了。在大卫逃跑后，父亲扫罗把她许配给一个男人，她不顾那男人的哭诉和抱怨，回到了大卫身边。

这时统治以色列的王是扫罗的儿子伊施波设。他年逾四十，精力旺盛，扩张领土的野心不可遏制。此间发生了各种冲突、血战、复仇和暴行，可是最终这些部族和解了，他们纷纷把长老送至希伯伦，大卫王在上帝的见证下与他们立约，他们则拥护他做了全以色列的王。

这样，南方和北方，以色列和犹大统一为一个国家。大卫在希伯伦作为犹大国王统治了七年后，又在耶路撒冷作为犹大和整个以色列的国王统治了三十三年。

大卫搬到了耶路撒冷这个位于两个部族之间的城市，好离两边都近些。他占领了锡安山，叫所有妻儿、仆人和士兵也一并搬来，让耶路撒冷成为大卫的都城，它不属于十二支派中的任何一个。

邻近的推罗王希兰送来黎巴嫩著名的雪松，大卫命工匠们用石头和木料建造了一座华丽的宫殿。他扩大并巩固了边疆。在载歌载舞的游行队伍中，他叫人把约柜搬到了耶路撒冷，把它放进帐篷里。约柜下面是雪松木做的坚固的支架，支架上铺着毯子。在祭祀、祈福和一场盛宴之后结束了这一天的庆典。

此后在他统治的岁月中，巴比伦和埃及这些曾经强极一时的东方大国逐渐衰落，使得大卫能够在和平中治理国家。他逐渐对古老的部族制度进行改革，建立了一个以耶路撒冷为中心的新兴大国，与兵败的邻国签订和平条约，获得了丰盛的贡礼和土地，控制了两条重要的商路：一条是地中海边的通海大道，一条是国王大道。

跟亚扪人的征战尤其漫长。亚扪人是聚居在约旦东边的一个部族，那儿也是沙漠的起始。上帝不允许以色列人与他们结下友好平等的盟约，因为当以色列人从埃及迁出的时候，这些人拒绝提供水和面包。

他们不断向大卫挑战。大卫派将军约押迎战。约押大胜，占领了他们的首都拉巴，全国一片荒芜。这时的大卫留在耶路撒冷。在某天夜里，他在宫殿的平顶来回踱步，享受短暂的清凉，突然，他发现下面的花园里一个女子在沐浴。她美丽脱俗，丝毫没有发现别人的目光。

大卫派人去查明她是谁，那使者回来后禀奏："她叫拔士巴，是赫人乌利亚的妻子。"

赫人曾是当年北部的一个强壮部族，后来被航海民族所驱逐。到大卫统治时，仅仅剩下零星的几户人家，散落在以色列和叙利亚境内。

大卫没多想，就叫人把拔士巴叫来，与她说着甜蜜的情话，为她弹奏竖琴，赐给她可口的佳肴。她任他拥抱亲吻，被他领进了卧房。

第二天，她回到了自己的家。不久她便让人告诉大卫，自己怀孕了。整个宫廷都知道了这事，他们还听说大卫派了一名使者到拉巴的营地去，约押随后就命令乌利亚赶回耶路撒冷。

几天后，乌利亚进宫朝觐大卫。大卫和他亲切交谈，问起战争、约押和将士们的情况，然后他说："回你的房去吧，把你的脚洗干净！"

那时，通常人们在结束一天的工作、就寝之前，会赤脚或换上凉鞋。大卫希望乌利亚能和他的妻子同房，这样就没人追究孩子的来历了，此外，他还派人送来一份礼物。可是乌利亚根本没进自己的家门，他跟守卫宫门的那些哨兵们一起倒在地上睡着了。

第二天，有人跟大卫禀报了这件事。大卫责怪乌利亚说："你为什么不回自己的家去？"

乌利亚回答："约押和我的战友们在前线打仗，都是在光秃秃的土地上入梦的。我岂能回到家中，大吃大喝，躺在柔软的床上和我的妻子睡觉呢？人活一天，他的灵魂就活一天，这种事我不会做。"

大卫对乌利亚说："那你今天留在我这里。明天一早我就让你回到战场，但今天我们可以一起找点乐子。"

大卫大摆筵席，邀请他品尝美味佳肴，一直到乌利亚喝得酩酊大醉。可这晚乌利亚还是没有回家，而是又一次和守城的士兵们睡在了光秃秃的地面上，直至酒意散去。宫中的每个人都看到了这幅景象。大卫没有再说什么，而是给约押写了封信，让乌利亚带了回去。信上写着："把乌利亚派到敌军火力最强的地方去。你们赶紧撤退，就留他一个人在那儿。"

约押听命，尽管他知道这就意味着对乌利亚判了死刑。第二天，在攻打亚扪人的战役中，乌利亚和几个士兵战死。约押即刻让信使将死讯报回，大卫回信道："不要太难过，刀剑不长眼，总有人要丧命的。继续战斗直至胜利！"

然而，大卫残酷的暴行触动了他身边的人。不久，拿单就来找他。拿单是一位先知，也是他多年的好友。他对大卫说："上帝不需要你给他造什么圣殿。他曾经让我转告你，你的王冠和王国永远不落。可是，现在他要我给你讲个故事：一座城里住着两个人，一个富有，一个贫穷。穷人除了一头小羊羔外别无所有，他把它买来后，仔细呵护着把它养大。小羊羔吃他的面包，从他的杯里喝水，在他的膝间入睡。他待它如同自己的女儿。但是那个富人要宴请宾客，他非常吝啬，不舍得杀自己的牛羊，却把穷人的小羊羔宰掉，请客人们吃。"

大卫愤怒地说："谁做出这样的事，他应该去死！那富人应该用四倍于小羊羔的价钱赔偿给穷人，因为他未经穷人的同意就宰了它。"

拿单长久地看着他的眼睛，说："你就是那个富人。以色列的神说：我选你为王，把你从扫罗手中救出来，让你成家立业，成了一国之君。这些还不够么？你还要什么？我还想给你更多，可是你不尊重我，你让赫人乌利亚死在剑下，抢了他的女人，这把剑会时刻威胁你的家室的，你给自己的家庭带来了不幸。"

大卫声泪俱下："哎，我做了孽！"

拿单回答："上帝会带走你的罪。你不会死，但你的儿子活不长了。"

说完这些话，拿单就走了。果然，拔士巴所生的儿子不久便得了不治之症。大卫斋戒又禁欲，睡在光秃秃的地板上，可是那孩子还是在七天后死了。

大卫一言不发。过了很久，他不再斋戒和痛哭，对他的仆人们说："我以为，我斋戒了，我的孩子会活下来。因为我心想：谁知道上帝会不会又对我开恩呢？现在，他死了。我还斋戒什么？我还能挽回什么？我不久也将追随他去，奔赴死亡之国，但是，我的孩子再也不会回到我的身边了。"

大卫安慰拔士巴，一年后，她又生了一个儿子。他们叫他所罗门，上帝非常爱他。

（《撒母耳记上》8.1—《撒母耳记下》12.25）

所罗门

Salomo

所罗门是大卫和拔士巴的儿子，他成为和平时期的首领，富有而智慧。他很幸运。他的父亲是古老东方最强大的统治者之一，建立了一个王国，留给所罗门继承。他不需要打仗，只需要继续统治、圆满完成治国任务就好。而他有充足的时间，因为上帝赐他长寿，让他当了四十年的国王，让他的智慧和公正闻名四海。

他在耶路撒冷经年大修土木，建成了第一座圣殿和自己的行宫，其宏伟壮观乃历史罕见。他加固了城墙，把国家分成了十二个城邦，每一个城邦必须照料他和他的宫殿一个月。这是一个什么样数目的开支？只要计算一下他的家庭、仆役、士兵、大臣的日常开支，就可以想象得到：六千升小麦磨成的面粉、一万三千升其他粮食磨成的粉、十头家养的牛、二十头放养的牛、一百头羊，还有赤鹿、狍子和肥美的家禽。

为了实现自己雄心勃勃的工程计划，他征收赋税和徭役。他拥有强大的军事力量，却不愿征战。这样一来，他的领土不会增加，却也不会减少。《列王纪》记载，他所有的臣子——从但到伯士巴都过得很安稳，每个人都幸福地生活在自己的葡萄架和无花果树下，直到所罗门死去。他和他的王国靠着经商致富。在擅长海事的邻国希兰王的帮助下，他造了好几只商船，停泊在苇海，即现在的红海。因为所罗门如此强大，《旧约》中把他写得最好，对他写得也最

多。据称，他有七百个妻，四百个妾，四千匹战马，一万两千名全副武装的士兵。在耶路撒冷圣殿的落成典礼上，他一共献祭了两万两千头公牛、两万头羊，他的朋友希兰王送了他一百二十公担金子。所罗门的商队花了三年时间，用希兰的商船运来了更多的金银、象牙、猩猩和孔雀。

到底那是多少升面粉，多少头山羊和绵羊，多少婢女和奴隶、儿女和妻子、帐篷和金饰，没人能计算或称量。成千上万，意思就是，他拥有的财富，多到自古以来尚无第二人可比，多到连世上最富有的女人——示巴女王都开始好奇，想要亲眼看看那盛况。

当所罗门继承王位，成为当时以色列和犹大两个王国的统治者时，他访问了南方的邻居——埃及法老，请求他把女儿嫁给自己。法老大悦，认为这是和以色列和平结盟的好机会，于是所罗门把法老的女儿领回了家。

新王十分热爱上帝，遵从他的戒条。一天，上帝在他的梦里现身，要求所罗门许一个愿。

所罗门答："您把您的奴隶变为国王，可是我还很年轻，我不知道我该如何处事。但您让您的子民信任我，可是这份信任太重了，我怕会辜负它！请您赐予您的奴隶一颗顺从和周到的心，让他能时刻保持公正，能分辨善恶，这样他才能治理好这个民族，可以吗？"

所罗门的愿望让上帝感到满意，他答道："你本可以祈求财富、长寿或让你的仇敌统统死掉，可你所要的却是智慧，成为一个好的统治者，所以，我要满足你的愿望。我会给你一颗聪明和智慧的心，至今从没有人能和你相比，以后也不会有。我还要赐予一些你没有向我祈求的东西，你将享有荣华富贵，受到人的尊重，比你这个时代任何一个国王都要多。只要你一直在这条正确的路上，我将赐你长寿。”

所罗门醒来，发现那是个梦。可他当它是真的，因为他晓得上帝跟他说了话。很快，所罗门就显示了他的智慧和公正，这是一个国王最大的美德之一。一天，两个女人来找他，想要他主持公道。

“哎，我的国王，我的主，”其中一个说，“我和这个女人住在一间屋里，我在那儿生下了我的孩子，三天后，她也生了一个孩子。我们总在一起，没人进出这房子，只有我们俩。一天，这个女人的儿子在午夜死掉了，是她在睡觉的时候把他压死的。我睡得很沉，她在黑暗中悄悄起身，把我的儿子抱走，把她死去的孩子放在我的身边。等我一早醒来，发现我的儿子不动了，他死了。但我在白天的光亮中仔细瞧了瞧，发现那根本不是我的儿子！不是我所生的孩子！”

另一个女人笑着说：“你说谎！我儿子活得好好的，你的才死了！”

她们在国王面前争执不休。国王作了一个聪明的决定：“你们都说自己的孩子活着，对方的儿子死了。我看——给我拿剑来！”

当剑送到他的手中时，他下令：“把这个活着的孩子一分为二，每人一半就好了！”

这时，孩子的母亲大声哭喊，抽泣着说：“哦，不要，我的王，把孩子给她吧！只要他能活着！”

另一个却叫喊着：“那他既不是你的也不是我的！让他分了得了！”

国王答道：“把孩子还给他的母亲，只有亲生母亲才会为了救儿子的命而放弃做母亲的权利！”

这个判决在整个以色列都传开了。男人和女人们都对他们的国王心存敬畏，因为上帝的智慧使他主持公正。

所罗门利用他的权力治理好国家，上帝则让他的精神充实。他比任何人都聪明，他写下了三千多条箴言，创作了一千零五首歌谣。他谈到树木，从黎巴嫩的雪松到长在墙缝里的海索草无一不知。他谈起动物，从飞禽到蛇、鱼无一不晓。各国的人们都来到以色列，想要亲眼目睹所罗门的智慧。国王们都渴望能分享他的智慧。

耶路撒冷的圣殿和所罗门的行宫建好了，他把约柜带进了圣殿。商船贸易以及对红海边铜矿和铁矿的开采使他比任何一个邻居都富有。示巴女王来访了，她带来了各种谜题想要考倒他。

她带了一支强大的骆驼商队，满载着各种香料和金银财宝。女王一进入他的宫殿就开始提问，一个谜题接着一个谜题，喋喋不休。她想借此考验他的智慧，可他对所有问题都对答如流，好像什么都难不倒他，而女王简直透不过气来了。

当示巴女王看到他的房间、桌上的精美筵席、他仆人的华美衣服还有口粮和燔祭的贡品时，再也控制不住自己，惊叫起来："我从不相信关于你的那些传说，才决定亲眼来见证这一切。然而，你的智慧和财富早已远远超过了我的所闻。"

（《列王纪上》3.1—10.25）

Der Prophet Elija

先知以利亚

从来无人能认出上帝的面容。从来没人亲眼见过他——也许伊甸园里的亚当和夏娃除外。

在以色列人眼前，他在云端和火柱间漫步。摩西看见他在西奈山顶行走。长寿者曾见过他的足迹在深蓝天边的倒影。人们不时地也能听见他的声音。他还经常对摩西说话，以让人们皈依于他。

可是，如果摩西不在了呢？如果附近没有燃烧着的荆棘呢？这时候荒漠中的路人，帐篷里的住户，还有石屋中的居民，要怎么才能知道上帝的旨意呢？

有时候，他会派来一位使者，一名天使，给他们人的形象，以便掩藏他们的本来面目，也为了收敛他们的天界圣光。上帝有时候就通过这些神使满足尘世中人的愿望，而他们则被称作宣告者或者先知。他们的任务异常艰巨。他们要宣告上帝告诉他们的东西。他们要预言不幸和灾难，预言国王的荣耀或灭亡——哪怕国王或者民众根本不想听他们的预言，或者根本不愿相信。他们首要的任务，则是数百年如一日地和埃及、巴比伦以及其他民族的异教神作斗争，通过宣扬耶和华的真义来争取民众。因此，他们的宣言和信息会带来服从、敬畏以及忏悔，还会指明未来。先知们当时遇到的问题，我们今天还会遇见。民众并不愿意相信一味劝诫善行、警告恶行、要求他们听从上帝训诫的先知。他们经常愿意选择更轻松的道路，选择那些不这么严厉的异教神。

所以，在《圣经》里民众经常愿意跟随那些投其所好的异教神的先知。不管是当时还是现在，要想一眼就认出谁是邪恶的先知都是不容易的。所以在《圣经》里会有这么多关于如何区分他们的故事。

以利亚是伟大的先知之一。他来自提斯比，约旦河东岸的一个小地方。这个地方当时属于以色列王国，统治者是亚哈和他的妻子耶洗别。

耶洗别是一位腓尼基国王的女儿，她诱使以色列国人在撒玛利亚城中建起一座巴力神庙和一座祭坛，同时毁去了耶和华的神庙。耶和华是《旧约》中上帝对自己的称呼。巴力神被描述为一头公牛，是动物、收获和雷电之神，人们经常用献祭、献歌、献舞的方式表达对它的尊敬，最后往往都喝得酩酊大醉。以利亚对此深恶痛绝。王后耶洗别还下令追杀以色列国境内上帝的全部先知，力图剿灭他们。国王亚哈对此也没有反对。

这一行为激怒了上帝。他派出以利亚到亚哈身边，传达自己对亚哈背叛行为的惩罚："在我同意之前，你的土地上将不会再降下雨水和甘露！"同时提醒以利亚："快离开这里吧！王后很快就会对你报复的。去把自己藏在约旦河东边的基立溪边！你可以尽情地喝溪里的水，我已经吩咐乌鸦往那里给你带去食物。"

以利亚毫不犹豫，立刻拄起拐棍、穿上大衣，一言不发地趁夜逃往约旦河以东。他就待在基立溪旁，每个早晨和晚上乌鸦都会给他衔来饼和肉。

可是因为缺少雨水，不久后小溪就干了。上帝又让他前往撒勒法找一名寡妇，并说道："我已吩咐她供养你。"

以利亚依旧顺从地启程了。在城门下，他遇见一个拾柴的寡妇。他向她打招呼并乞求："请打点水给我喝吧！"

"好的！"她转身就去取水。

以利亚又对她说："请再给我一点面包吧！"

她叹着气说："如果我有的话，我愿意啊！可是我的坛子里只有一小把面，我的罐里只有一丁点油。我去拾柴，就是为了给我和我的儿子烤这最后一块面包。我们吃了它以后，也只能等死了。"

"不要担心，"以利亚回答说，"照你所说的去做吧。只要先为我烤一小片面包，然后再给你和你的儿子烤一片，因为耶和华，以色列的神答允：在我允许重新降雨之前，你的面坛和你的油罐将永远不空。"

寡妇照他的话做了，面坛和油罐果然一直不空。这样，寡妇、她的儿子还有以利亚每天都能吃饱。可是后来，寡妇的儿子病重起来，怎么用药都不管用。寡妇和当时的其他人一样，相信一位先知的到来会让人的生活完全改变，会让人的善与恶在上帝面前彰显无遗。她认为她儿子的疾病甚至死亡都是因她的罪孽而受到的惩罚。她一边抱怨，一边哭泣起来。

"请安静一些，"以利亚这样说着，把孩子抱到了自己楼上的房间里。他把孩子放在自己的床上，开始向上帝祷告："我寄居在这个寡妇家里，你就这样降祸于她，让她的儿子死去么？"

以利亚三次伏在孩子的身上，向上帝求告："请让这个孩子的灵魂重回他的体内吧。"

上帝听见了他的祷告，孩子的灵魂回到了他的身体。以利亚把孩子抬下楼去，放在母亲的怀里："你看，他不是活着吗！"

"我现在知道了，"寡妇幸福而感激地大喊，"你是属于上帝的人，耶和华借你的口说的话是真的。"

到了旱灾的第三年年底，上帝终于对以利亚说："你去见国王吧！我现在要降雨了。"

以利亚于是离开了他的藏身之所，前去面见亚哈。这时整个国家都已陷入巨大的饥荒之中。亚哈让自己的宰相俄巴底来见自己。俄巴底一看见亚哈，就吓得腿脚发软。当初在王后耶洗别屠杀耶和华众先知的时候，他偷偷地藏了一百位在两个洞穴里，每个洞穴五十人，还在漫长的饥荒中用食物来喂养他们。不过，亚哈可不是想和他说这件事的。

亚哈命令他："我们要走遍全国的水井和泉眼，也许还能找到一片青草地！快去吧！要不然我的牲口都要死光了！"

于是他们出发了。国王自己带着仆从、携足干粮走一条道，俄巴底则走另一条。不久后俄巴底遇上了以利亚。他吓得伏倒在地上说："你不是以利亚吗？"

"是啊，"以利亚答道，"我就是。请你回去，和你的主人说我来了。"

"啊！"俄巴底惊叫起来，"你为什么要害我呢！我不是曾经救过一百位先知吗？你为什么要让我去！如果我说了你还活着，国王会杀了我的！"

但最后，他除了听从，没有别的选择。当以利亚站在亚哈面前时，亚哈不由愤怒地喊起来了："使我以色列遭灾的，就是你吧！"

"不，使以色列遭灾的不是我，"以利亚答道，"而是你和你的不敬上帝！是因为你投向了巴力神，激怒了耶和华。好了，现在请你让侍奉巴力的那四百五十个先知，以及王后多年来喂养的四百个先知，还有以色列的国民，都上迦密山来吧。"

他之所以选择位于以色列北部森林密布的迦密山，是因为他在那里可以感到上帝离自己更近。

众人都登上迦密山后，以利亚在巴力神的众多先知前对众民说："你们心持两意要到何时呢？若耶和华是神，你们当顺从耶和华；若巴力是神，你们当顺从巴力。”

众民一言不发，都低头望着地上。以利亚就对众民说：“我是我主所余下的唯一先知了。巴力的先知却有四百五十名。给我们两头牛犊，巴力的先知可以先挑选一只放在柴上，不要点火。我也将另一只放在柴上，也不点火。然后我将呼唤我主的名字，你们呼唤巴力的名字。那降火显灵的，将是真神。”

“这样甚好！”众民呼叫道，“让神来裁决，这样最好。”

然后他们就准备了两头牛犊。巴力的四百五十名先知从早晨到中午都在喊叫：“巴力神！请您聆听我们的呼唤！”

但是他们始终没有得到回复。他们一直在祭坛旁边又喊又跳，直到以利亚讥笑他们说：“你们应该再喊大声一点！也许你们的神去田野里散步了！或者在作一首诗！或者在呼呼睡觉呢！喊大声点，这样他才能醒来！”

但是不管巴力的先知们喊得多大声，始终也没有听见回复。这时以利亚把众民召集在一起，用十二块石头垒起了一座祭坛，每块石头都代表着以色列的一个支派。然后他在祭坛四周砌了一条水渠，在祭坛上堆起柴火，把祭物放了上去。接着他三次用水洒在上面，登上祭坛大声祷告：“主啊，亚伯拉罕、以撒和雅各的神，请您今日昭示天下，您也是以色列的神，而我是你的仆人！求您应允我，求您应允我！请让众民知道你耶和华是神，让他们回心转意！”

于是耶和华降下火来，祭物、柴火、十二块石头和整个地面都被烧尽，就连水渠里的水都被烧干了。

“耶和华是神！”众民欢叫道，“神是耶和华！”

然后他们一拥而上，杀死了巴力的众先知。

以利亚随后对一直在旁观看的亚哈说："你现在可以放心地吃喝了！马上就会降下雨来！"

以利亚登上迦密山顶，俯身于地，并将脸颊埋在两膝之间。

"你上去，"以利亚对仆人说，"向海面看去！"

"我什么也没看到！"仆人说。

以利亚问了他七次，前六次仆人的回答都一样。第七次时他忽然叫了起来："我看见有一片云从海里升起来！"

"你去告诉亚哈！"以利亚说，"他应该套车离开，不然会被雨淋到！"

霎时之间，天空中乌云密布，狂风劲吹，整片大地都被罩在狂风暴雨之中。

耶洗别听说此事后大怒。她发誓要报复，一定要杀死以利亚。

以利亚很快听说了此事，于是惊慌地逃命。他和他的仆人逃到了别士巴，把仆人留在了那里，然后孤身一人又向荒漠中走了一日。最后，他筋疲力尽地来到一棵罗腾树下，就坐在那儿等死。

"够了，我的主啊！"他抱怨道，"求您让我死去吧！我并不比我的列祖更好。"

说完这些话，他就把自己包在大衣里睡着了。有一个天使拍他肩膀，用天籁之音说道："起来吃东西吧！"

以利亚昏昏沉沉地坐起来，看见身边放着一块新鲜面包和一罐水。于是他把它们吃了喝了，但心中的担忧还是很深。所以他又把自己包在大衣里，躺在罗腾树下睡着了。

天使第二次出现，叫醒他并对他说："起来吃东西吧！你还有一段路要走呢！"

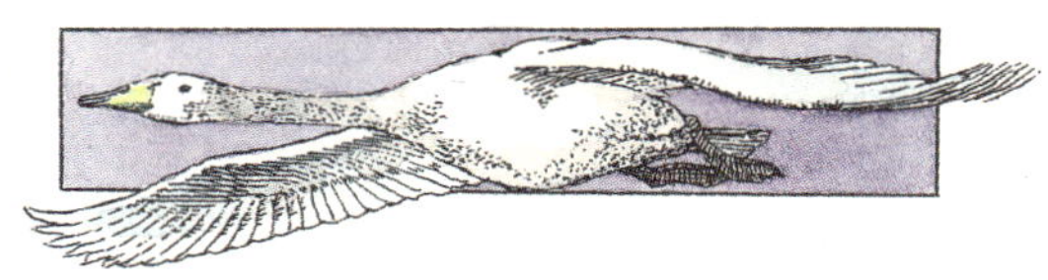

这一次以利亚毫不犹豫地站了起来。他吃饱喝足之后，感到自己又恢复了精力，于是在荒漠中行走了四十个昼夜，走到了何烈山。上帝对他说："你在这里干什么？"

"您应该知道的！"以利亚不平地说，"我的一生都被我奉献给了您，可现在我不但形单影只，还要忍受王后的追杀！我真的受够这些了！"

上帝就对他说："你出来！站在我身边！"

以利亚于是看见上帝从身旁走过。霎时间有风暴袭来，地动山摇。而上帝却不在风暴中。然后又出现地震，上帝又不在地震中。地震后又现大火，上帝又不在大火中。大火后有微风掠过，飒飒作响。以利亚听见后用大衣蒙面，出来站在洞口。这时一个声音响起："你来这里做什么，以利亚？"

"我在为神辩护，为神争吵，为神责骂。可是以色列人却不听我的。他们毁了您的祭坛，他们杀了您的先知。我是唯一一名还活着的先知了，而他们还在追杀我。我该怎么做呀？"

可是上帝没有顾及以利亚的担忧和彷徨，仍把他送回尘世。上帝还告诉他，该先为哪一位国王涂上圣油，谁又能成为以利亚的继任者。以利亚终于克服了自己的恐惧。从此他又开始毫无畏惧地宣扬上帝的教义。后来，他还亲见了耶洗别怎样被愤怒的上帝夺去生命。

在以利亚老了以后，他感到上帝将要把他带回身边。于是他经常和众先知们待在一起，向他们传授自己对上帝的理解。有一回，他和上帝指定的他的继任者以利沙去约旦。以利亚将大衣卷起来击打河水，于是他和以利沙能够走过干涸的河面。然后他问以利沙，在上帝把他叫走之前，他还能为以利沙做什么。

以利沙叫唤起来:“我想双倍地从你那里听取经验!我想继续你未竟的使命!”

以利亚笑着回答,这个愿望是可以满足的,因为以利沙将会亲眼看到以利亚怎样升入天国。

这时来了一辆火红的马车,一匹烈焰圣马腾空而出。以利亚登上马车,升天而去。

以利沙呼叫道:“父亲,我的父亲!你是以色列的战车,你是以色列的车夫!”他撕裂了自己的衣衫,哀悼莫名。然后他想,该看看自己是否继承了以利亚的力量了。他把以利亚的大衣卷起来,像他的导师一样击打河水。对岸有无数年轻的先知立着,紧张地观望着河水的变化。然而,刚开始什么也没有发生。

以利沙怒叫道:“神在哪里呢?以利亚的神呢?”

这时河水开始消退,以利沙于是向对岸的先知们走去。他们都带着敬畏喊道:“以利亚的精神真的传到了以利沙身上啦!”

(《列王纪上》17.1—19.21,《列王纪下》2.1—2.18)

Der Prophet Jesaja

先知以赛亚

公元前750年左右，幼发拉底河与底格里斯河之间的亚述帝国又恢复了雄风。它的都城尼尼微和亚述尔盛况空前，整个帝国则扩展到了埃及的边境。亚述帝国的兵锋所向，以色列也悚然战栗。

就在这个危险的时代，以赛亚居住在耶路撒冷。他来自一个有声望的家族，学识过人，家庭幸福。这时他听到了上帝的声音，要他不间断地提醒以色列的国王和人民，遵守上帝的训诫，不要滥用权力，时刻维护和平。

以赛亚接受了这个使命。但是他的祈祷经常是无用的。战争总在不断爆发。但是，即便在窘困之中，以赛亚也能不时地听到赞扬和安慰的声音。他也没有停止对未来的预告，并且指出新的统治者来自耶西，他将给人们带来和平。耶西是大卫父亲的名字。也就是说，弥赛亚——救世神，是来自大卫家族的。因此自从以赛亚的预言之后，人们就将救世神称作弥赛亚了。对于基督徒来说，弥赛亚就是耶稣。犹太人直到今天还在等待他们的救世神。

以赛亚说："耶和华拯救一切！"这就是以赛亚的宣言纲领，它给了他以及其他先知力量和激情。我们从下面的故事中可以看到这一点。

以赛亚是这样祈祷永久和平的：

在这些日子的最后，上帝殿堂所在的山将成为最高的山，俯视群峰。来自众国的万民都流归此山。他们说："来吧！让我们登上上帝之山，皈依我主雅各之神的殿堂！他向我们展示了他的道路，我们愿循他的指引前行。神的旨意就来自锡安山，来自耶路撒冷。他将在纷争的民族间裁判，为各国国民断定是非。"

从此人们将把宝剑锻成铁犁，把长矛炼出镰刀。人们再也不会使用武器。各民族之间出现了永久的和平，从此再也没有战争。来雅各的殿堂吧！我们应循着神的光明一路走去。

以赛亚是这样抱怨生活秩序因战争而遭受的破坏的：

看吧，上帝，我的主人，请帮帮耶路撒冷人和犹大人吧！看看这些英雄、战士，看看这些法官、先知，看看预言家、年长者，看看元首、朝臣，看看议员、术士和聪明的巫师们！我将把年轻人变成他们的贵族。任性将会统治他们。于是，在一个民族中人们开始彼此压迫。年轻人不尊重老年人，位卑者不尊敬位尊者。这时有人在自己父亲的家里对兄弟说："你还有一件大衣，就做我们的引路人吧！做一个把我们从废墟中带出去的神吧！"

他的兄弟却叫喊道："我不是医生！我们家连一片面包都没有了，而且也没有什么大衣！不要让我做我族的领袖了！"

是的，耶路撒冷就这样沦陷了，犹大也没落了。因为他们的言行都违背了神的旨意，侮辱了神的尊严。他们无耻的嘴脸泄露了他们罪恶的本性。可悲的人啊！自己为自己掘下了坟墓。只有那些行善者才能获得善果。

我的族人就这样，非常随性地对待我主，充满了贪欲和罪恶之念。我的族人就这样，被领袖们带进错误的深渊，一步步远离正确的道路。

我主将带着年长者和我族的贵族们进审判庭：你们，你们抢劫了葡萄山，你们的屋子里堆满了从穷人手中抢来的东西。你们是怎样将我的族人带到毁灭境地的？你们打碎了穷人的面容——就要忍受神对你们的诅咒！

以赛亚是这样责骂耶路撒冷妇女的：

神说，因为锡安的女子特别高傲，总是趾高气昂、不可一世，卖弄风骚、脚下叮当，所以神必使锡安女子的头上长出疮痂和秃病。到那一天，神必除掉她们的首饰，不管是足钏、月牙环、日形镯、耳环、手镯，还是面纱、华冠、足链、华带、香盒，不管是护身符、戒指、鼻环、礼服、披肩，还是手帕、镜子、面巾、围巾或者头巾。

这样，在她们身上恶臭将取代芳香，绳子将取代腰带，秃头将取代美发，麻衣系腰将取代华彩礼服，羞辱将取代美艳。

以赛亚是这样叙说自己成为先知的过程的：

在乌西雅王死去那年，我见到了神。他坐在高高的宝座上，头戴高而威严的王冠。他的衣裳垂下，铺满了整个殿堂。天使撒拉弗站在他的身旁，每位都有六个翅膀：两个翅膀用来遮盖面颊，两个用来遮盖脚，两个用来翱翔飞舞。

天使们高声呼喊：“多么神圣！多么神圣！万军之耶和华无比神圣！他的荣光充满了整个大地。”

震天呼声中，大殿的根基都在动摇，殿中升起阵阵烟云。

我说道：“可怜的我啊，就这样迷失了！因为我的嘴唇不洁，更生活在嘴唇不洁的族人中间。而我的眼睛今日却见到了君王，见到了万军之耶和华！”

这时有一位六翼天使拿着一块祭坛中烧红的炭飞到我的面前。他触碰了我的嘴唇，并说："它碰了你的嘴唇之后，你的罪恶就被洗净，罪过亦被赦免。"

然后我听见神的声音："我该派谁去？谁愿为我们去？"

我答道："我来！让我去吧！"

于是他说："你去对你的族人们说：你们会听见，但是不会明白；你们能看到，但是不会理解。要用脂油蒙蔽这些人的心灵，使他们耳朵发沉，眼睛昏迷，这样他们的心就永远不会明白，不会清醒，不得得救。"

我问道："那么，我的主人，要多久？"

他答道："直到整座城市毁灭、无人居住，直到房屋空闲，直到农田变成荒地。神将把这些人赶出故土，让这片土地变得荒芜和空荡。就算只有十分之一的人留下来，最终也将被赶走。就像砍倒一棵橡树一样，只能让它的树墩留下。"

在说完这么恶毒的诅咒之后，以赛亚又说出了拯救的方式：

神会给你们一个吉兆：将有一位处女怀孕，生下一个儿子，她将给他取名为以马内利，意思是"神与我们同在"。他将吃黄油、喝蜂蜜，直到他懂得弃恶从善。

那些生活在黑暗之中的民众，将看见一道光芒，每双靴子都发出嗡嗡的声音，每件大衣都被污血沾染，然后大衣将被燃烧，成为一堆灰烬。因为我们将被赐给一个男孩，神将自己的光辉置于他的肩上。人们将他称作：神奇的顾问，强大的主神，永恒之父，和平之神。他的威权无边无尽，而和平也将没有止尽。

 以赛亚是这样述说以马内利的威力的：

从树墩中将长出粮食，从树枝里将生出果实。神的精神将反射在他身上：智慧和洞察的力量，顾问和强权的威力，认识和敬神的印记。

他不会理会他人的眼光，不会人云亦云。他会给无助者帮助，会让穷人获救。他将用语言之棒击打暴力者，用嘴头的威力杀死罪恶者。

以赛亚这样劝诫人们相信上帝的保护：

此刻，创造了雅各、创造了以色列的耶和华说："不要害怕，我已经将你们赎回，我已经将你们的名字记下，你们属于我了。如果你们将穿过高山流水，我也陪着你们。如果你们穿过火焰，你们不会被烧伤。因为我，你们的主，是你们的神，我是以色列的圣人，是你们的拯救者。"

（《以赛亚书》2.1—43.3）

Judit

犹 滴

时光飞逝，岁月如梭，转眼间又是数十年过去。这期间，以色列国和犹大国经历了一任又一任国王，其中有好几位在孩童的年纪就已登基。两个国家日渐弱小并失去独立地位。在其南方，埃及王国日益强盛，在向北扩张时与亚述和巴比伦两大帝国接壤，并被后两者击退。这是可怖的年代，战争的年代。亚述帝国的国王一度围攻以色列王国首都撒玛利亚长达三年之久。许多以色列人心想："我们的神不再帮助我们了，还不如信仰别的神！谁知道呢，或许会更有用呢！"于是他们建成了巴力神殿，里面还立起太阳、月亮以及星辰之神，又用铜浇筑出各种动物的形象。

这一切令洞晓一切的万能之神甚为不悦。他向以色列和犹大国派出了先知，警告他们不要如此渎神，但这两国的国民依旧我行我素。于是，上帝将这两个国家抛于强盗之手。亚述国王攻占了撒玛利亚，将以色列人驱赶到自己国家。他向他们许诺："我们会对每个人好的！每个人都会有无花果吃，有葡萄酒喝，他的水槽里也会装满清水！我将把你们带到一个和你们国家相差无几的地方。那里四处是玉米和果酒，遍地是橄榄树和蜂蜜！"他们从此就一直待在那儿，多数人失去了自己的身份印记，后来被人们称为"以色列迷失的十个支派"。国王又命令许多外人搬进撒玛利亚，与剩下的少数居民混居，并重新分配了土地和房产。他们彼此融合，其后人被称作撒玛利亚人。但是，上帝的

天使又驱走了亚述国王。从此以色列人和犹大人又开始偶像崇拜，巫术、预言等重在这里兴盛起来。

不久后，巴比伦国王对埃及宣战，沿路将地中海沿岸的各国扫荡一空，并包围了犹大国和富饶的耶路撒冷。在攻陷这座城池之后，巴比伦人将王室、士兵、工匠以及铁匠统统押运回巴比伦城，留下的耶路撒冷变得荒凉而破败。又经过了许多年之后，留下的犹大人才能聚集起力量，反抗异族的统治。然而双方力量悬殊，巴比伦人很快击溃起义军，再次占领并洗劫了耶路撒冷。这次他们掠走了城里所有的黄金和其他金属，将所有宫殿付之一炬，并将整个民族都变为俘虏。耶路撒冷人被迫再次踏上被驱逐出境的道路。这就是所谓的第二次巴比伦之囚。然而，犹大人四百年来一直在大卫后人的带领下生活在耶路撒冷城附近，即便被驱逐出境也能团聚在一起。他们始终遵守摩西的诫条，在巴比伦时也没有忘掉祖训。而此时的耶路撒冷，只有一些穷人生活在废墟之中。他们慢慢地开始在以前的田地上耕作，并把废弃了的葡萄园拾掇出来。这里的人们该怎么和强大的敌人，亚述人和巴比伦人斗争？人们要怎样才能不失去勇气？这时又是身为弱者的妇女挺身而出，向男子们展示了在面对死亡的威胁时应该拥有怎样的勇气、智慧和信仰。

对于这个故事来说，深究其历史和地理细节其实并无意义。例如，尼布甲尼撒实际上不是亚述帝国的国王，而来自巴比伦王国；此外他的都城也不在尼尼微；至于伯夙利亚城和阿法扎得国王，也都不曾真正存在过。尽管如此，人们对犹滴的纪念直到今天仍然盛行不衰。

在尼尼微城中，居住着亚述帝国的国王尼布甲尼撒。他已在此城中统治了十二年。后来，他向玛代王国的国王阿法扎得宣战，阿法扎得将波斯湾几乎所有民族都拉到自己这边来，其中也包括幼发拉底河与底格里斯河之间的许多国家。为了与之对抗，尼布甲尼撒向西方派出了信使，包括耶路撒冷和埃及的歌珊，要求他的所有属国和盟友都参加这场战争。

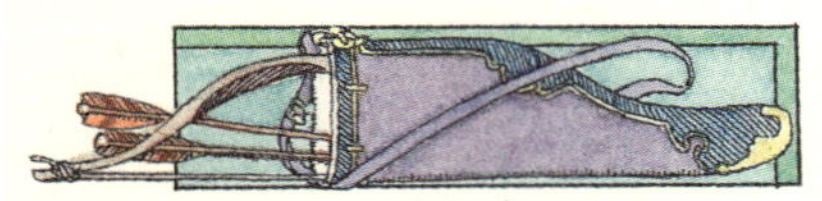

谁知道，根本没有人重视他的命令。尼尼微对他们来说太远了。没人认识尼布甲尼撒，也就没有人害怕他。他们反而嘲笑国王的信使，在奚落声中把他赶回了亚述。

尼布甲尼撒勃然大怒，发誓一定要用鲜血来洗清这些无礼之人的罪过。在他统治的第十七年，他在没有盟友支持的情况下擒获了阿法扎得。

第十八年，正如曾经威胁过的那样，他开始向西方的民族宣战。他召来了自己的三军统帅何乐弗尼，命令他带领十二万普通士兵和一万两千重装弓骑兵向西踏上征途。

何乐弗尼聚齐自己的将领们，准备了大量骆驼、驴子和其他牲口，并带足辎重粮草和金银财宝，而后挥师西进。

这支大军浩浩荡荡，远看就像蝗虫一样密集。它越过了高山、渡过了河流，沿途扫荡了一切阻碍其前进的东西。何乐弗尼下令士兵们烧光了田地里的稻谷，洗劫了所有市镇，抢走了一切牲口。整个约旦河西岸不由都陷入一片恐慌之中。

这时候，这些城市才向国王送来和平的信使，可是一切都已经晚了。国王早已将自己国内的精锐部队投入战争，他们沿途烧光了所有异族的寺庙和祭坛。国王要制服所有的民族，让他们臣服于己，奉自己为神。最后，何乐弗尼终于来到了犹大城，并在城外扎营驻军。

犹大城里的以色列人陷入了巨大的恐慌之中。他们刚刚才从巴比伦人的统治中解脱出来，新建起自己的神庙。他们迅速向附近的国家派去求援的信使，封锁了一切山隘关口，并举全城之力集中了一切粮草备战。这座城市建在一座山上。城外的关隘异常险峻，小道上只能容两名成年男子或者一只牲口通过，真可谓仰仗天险，易守难攻。

何乐弗尼听说后，难以置信地问道："这些人疯了吗？他们想用什么来反抗我们？他们哪来的勇气和力量？他们的国王是谁，竟敢冒犯我军的天威？"

这时，来自约旦河东岸的亚吉奥回答说："这个民族只要虔诚对待上帝，是会获得上帝支持的。如果他们不够虔诚，就会被上帝抛弃，最终彼此失散在天涯海角。眼下他们还很敬神，因此能够从世界各地重新团聚在一起。他们重建了耶路撒冷的圣殿，再次在这座山上定居下来。要想打败他们，哦，我的主人，你只有在他们渎神之后。只要他们还虔诚对待上帝，我们最好不要进攻他们。否则的话，我们恐怕难以战胜，最终将成为全世界的笑柄！"

帐篷里的所有将领和士兵们听了之后都无比愤怒。

"你胡说什么呢？"他们大声呵斥，"叛徒！懦夫！这么看不起我们！我们随时可以攻击他们！"

何乐弗尼下令，将说出不敬之言的亚吉奥捆绑起来，抬到山上，扔到以色列人面前。"如果他们不杀了你，"何乐弗尼说，"我会在扫平耶路撒冷之后亲自杀你！"

于是何乐弗尼的卫兵们将亚吉奥绑起来抬出帐篷，来到了伯夙利亚城下的泉眼旁。这时城上的士兵们开始对他们放箭，于是他们躲在一块岩石背后，百忙中还不忘将亚吉奥的双脚绑得结结实实。然后他们把他抛在岩石上，匆匆下山去了。

以色列人的心肠却很好。他们爬上岩石，救下了满身血污、伤痕累累的亚吉奥，将他解除了束缚，引入城中。所有人，不论是老人、妇女还是孩子，都聚集起来好奇地打量亚吉奥。亚吉奥告诉了他们自己受到这种对待的原因，以及何乐弗尼的残暴念头。所有人听了之后都跪了下来，虔诚地向上帝祷告，乞求他的帮助。全城最年长的乌西雅将亚吉奥接到自己家中，为他包扎好伤口，然后盛情款待了他。

次日一早，何乐弗尼就想下令攻城。他的一位主将却说："何必那么着急呢，我们可以不用冒任何风险就拿下这座城池！我们应该切断山脚下的那些水源，因为它们是山上整座城市的饮用之源。然后我们还要注意看守每一个出口和地道，不让任何人溜出城来。这样，我们就能以逸待劳，坐等以色列人耐不住饥渴逃下来投降啦！"

何乐弗尼以为善，遂纳此策。转眼间三十四天过去，伯夙利亚的水流渐竭，所有水池也都不幸地能够见底了。孩子们渴得无精打采，妇女们面无人色，年轻人又饥又渴，就连守城的士兵们也有气无力，连武器都要拿不动了。

这时城里的广场上聚集了许多人，他们都对城中的长者抱怨有加："看看你们做了什么好事！早知道我们就投降何乐弗尼好了！即使变成奴隶，好歹不用在你们眼前活生生渴死！这就是对我们罪过的惩罚吗？请你向上帝祈祷请求吧！不要再这样惩罚我们了。"

"同胞们，不要失去勇气！"乌西雅说道，"让我们再坚持五天。上帝不会完全抛弃我们的。如果五天后还没有转机，那时再投降也不迟。"

人群安静下来了。慢慢地，他们开始散去，妇女们也带着孩子回到家中。然而，整座城市还是笼罩在一片恐慌和绝望的情绪之中。

这时候，在伯夙利亚城中生活着一个寡妇，她的名字叫作犹滴。她来自雅各这个神圣的犹太家族。她的丈夫叫作玛拿西，三年前在收割大麦时中暑死了。

犹滴是一位虔诚的妇女，始终穿着寡妇的衣装，在安息日时也能坚持守着斋戒。她的丈夫给她留下了许多金银、仆从、田地和牲畜。她经营有方，这个家庭的生活也有声有色。犹滴听说广场上发生的一切后，要她最信任的一位侍女把城里的长者们请来。

“你们今天对城里同胞们说的话，”她对他们说，“是不对的。你们怎么能对我主下命令呢？怎么能对他给出时限要求呢？你们甚至都不能读懂人心！那你们又怎么敢确知上帝要对我们做什么呢？只有上帝本人才能决定，他帮不帮我们，以及什么时候来帮我们。至于是五天内得救还是永不得救，也只能由他来决定。你们不该逼迫他来拯救我们！上帝不是我们凡人所能威胁或逼迫的。我的长者们，我们只能够向上帝祈求帮助，维护他的圣殿，并对他赐给我们的考验感到感激——正如他曾经给亚伯拉罕和以撒的考验那样。上帝惩罚他所爱的人，是要帮助他们变得更加明智。”

长者们被这番敬神至深的话深深打动了。“我们毫不惊讶你所说的，”长者们说，“因为你自幼聪慧而敏感。请你替我们向上帝祷告吧！让上帝赐予我们一场降雨，这样城里的水池就能重新充满清水，我们也就不用渴死了！”

犹滴却回答说：“我有另外一个计划了。我将亲自完成一项任务，这项任务即便千百年后我们的孩子们也许还能记得。请你们今晚来到城门口，我将和我的女仆出城而去，在你们许下的五天期限到来之前，我就能拯救全城百姓。不过请你们不要问我的计划是什么！我会在计划成功之后再告诉你们原委的。”

“向着和平而去吧！”长者们纷纷说道，“愿上帝指引你！”

然后他们又重新回到城头自己的岗位上去。犹滴伏在地上，将土灰敷满脸颊。这是过去和死亡的标志，也是忏悔和决心的信号，说明了她遵守上帝意志的坚定信念。然后她开始大声

地向上帝祷告。她大力赞美拯救弱者的万神之神，并明确地恳求道：“我的神啊，请你赐给一个寡妇完成她计划的力量吧！请你协助我完成这项任务！请你借助我的手击碎那些武夫们的傲慢和粗鲁！”

回家后，她沐浴更衣，用香油涂满全身；松开长发，为自己系上头冕；穿上华服，一时间艳丽无匹。然后，她又戴上了各式金银首饰，手镯、脚环、戒指、耳环，不一而足。这些以前都是丈夫在时她才穿的。最后，她又让她的女仆准备好一袋葡萄酒、一罐香油、一小袋面粉、一大块面包和一把晒干的无花果。

她们两人于是出发，来到了城门前。两位城中老人正在城头守卫，他们见了犹滴美若天仙的样子，一时间只觉目眩神迷，却不曾发问，只是祝她俩好运。

她向两位长者鞠躬敬礼，请他们把城门打开。许多年轻人也聚拢过来，看着犹滴慢慢地走下山去，直到她的身影没在夜幕之中。

在山谷边上，犹滴遇见了亚述人的第一道守卫。他们质问道：“你是谁？来这里干什么？”

“我是希伯来人，但现在我要离开它，因为你们很快就会将它扫荡一空。我有一条很重要的消息想要告诉何乐弗尼。他知道了之后，就能够不费一兵一卒地轻取眼前的城池。”

守卫们被她的语言、威严和美丽慑服，于是毫不迟疑地将犹滴引向何乐弗尼的帐篷。亚述将军们纷纷被她的美艳打动，有人悄悄议论道：“你说，这是一个怎样的民族，居然生得出这么美丽的女子！好在我们很快就要把他们消灭殆尽，否则整个世界都要为她们迷得神魂颠倒！”

这时，何乐弗尼的卫士和随从将犹滴引进了帐篷。这座帐篷金碧辉煌，镶满了祖母绿和各色宝石。仆人告诉他犹滴来了，何乐弗尼于是来到

前帐。当他见到犹滴时，也和其他人一样为她的美色惊讶万分。犹滴向他徐徐跪下，他的仆人们却赶忙上前搀扶阻拦。

何乐弗尼说道："起来吧！你不需要向我下跪。如果山上的那些家伙不曾嘲笑我的话，我也不会与他们兵戎相见。他们现在的困境和命运，要怪他们自己罪有应得。不过，你逃下山来见我，是你的幸运。不要担心，我不会杀你的，不管是今晚还是明天！"

犹滴鼓动如簧之舌，对何乐弗尼的学识、机智和领军才能大加夸奖，随后话题一转："不过，亚吉奥说的也有他的道理，您只有在我们负神的情况下才能战胜我们，而这正是发生在眼前的事。因为您困住了这座城市，人们又饥又渴，已经有不少人决定开始吃一些我们不该吃的东西，甚至有人开始打神殿里祭品的主意。这样一来，整座城市的人都变成有罪的了。没有上帝的护佑，他们很快就会变得虚弱起来。"

犹滴向何乐弗尼承诺守在他的身边。"不过每天晚上，我都要登上山去，向上帝祈祷。他会告诉我，什么时候是您进攻的最佳时间。然后我会把您引进耶路撒冷，那时整座城市还不是您的囊中之物么……"

何乐弗尼和他的仆人们为犹滴而目眩神迷，只觉得人间根本不会再有第二个这样美丽的女子，也不会有这样好听的声音。

于是何乐弗尼请她共赴晚餐，要向她展示无数华贵碗碟和精美食物。犹滴婉言谢绝，称自己只能食用随身携带的食品。

"可是，如果你带来的食物吃完了怎么办？"何乐弗尼说道。

犹滴笑道："放心吧，在我吃完之前，神就会通过我的手作出决定。"

饭后，何乐弗尼的仆人将犹滴引到了另一座帐篷里。她和自己的仆人睡在一起。破晓之前，她起身出发，向守卫们请求上山祷告。在山上的一座泉眼旁，她又洗了一遍澡，并再次向上帝祈祷保佑自己的计划成功，然后就下山回到她的帐篷。整个白天她都待在里面，直到夜里才取出食物吃了一点。就这样，三天很快过去。

第四天晚上，何乐弗尼为他的仆从举办了一场宴会，同时邀请犹滴也参加。他想向她展示，虽然自己很欣赏她的美貌和智慧，但仍然是轻视她的。毕竟，她是一名来自异族的女子。

“我尊贵的大人，”犹滴说道，“有您的邀请，我又怎敢不来呢！”

虽然知道自己会在这场宴会上受到羞辱，她还是穿上了最艳丽的衣裳，并将自己打扮得焕然一新。

当她踏进何乐弗尼的营帐时，浑身都散发出无比傲人的美艳和尊贵，以至于何乐弗尼早将自己对她的轻视抛在九霄云外，而被她迷得魂不守舍。他只能等待美食上来，那时候才是他诱惑她的最佳时机。但是，犹滴只食用她的女仆给她准备的食品，对何乐弗尼提供的山珍海味她只是象征性地尝了尝。何乐弗尼本人却自以为得计，很快就兴致勃勃地喝了个酩酊大醉。

夜色渐深。这时仆人们将何乐弗尼抬进帐中，主管将帐篷从外面锁上，这样就没人能再进去打扰。仆人们为准备这场宴会耗了太多精力，于是很快就进入梦乡。

现在，帐篷里只剩下了犹滴和何乐弗尼。她的女仆就躲在帐篷外的阴影里，而何乐弗尼早已躺在床上呼呼大睡。

犹滴走到他身旁，再次向上帝祷告了一遍，要他赐予她更多的力量。随后她取下何乐弗尼的宝剑，用尽全身力气将他的脑袋砍了下来。女仆从帐外扔进一只袋子，犹滴将何乐弗尼的身体踢在一旁，把他的脑袋装了进去。

然后，她和女仆就像前几个晚上一样，离开了营地。但这一次，她们没有走到泉眼边，而是径直上了山。还有老远的时候，犹滴就大喊起来："赶紧把门打开！快点！上帝今晚向我们展示了他的公正！"

城上的男人们听见她的欢呼声，急忙打开了大门，把她们迎进城中。

有人在广场上升起一堆篝火，这样人们就能看得更清楚些。犹滴取出何乐弗尼的脑袋，高高举起，大声说道："看！这就是何乐弗尼的首级！他就是亚述人的首领。"

这颗脑袋上还粘着一些何乐弗尼豪华大床上的贵重宝石，它们在火光中显得熠熠生辉。众人见了，不禁纷纷开始赞美上帝。然后他们又对犹滴表示了赞美和感谢。犹滴告诉了他们下一步该怎样做，随后就回家休息去了。

次日一早，伯夙利亚人将何乐弗尼的首级挂在城头，同时加强了警备的力度，守好了上山的每一道路口。

山下的将领们很快得知了此事。他们聚在何乐弗尼的营帐外，大声喊叫道："将军！您看山上的那些家伙，他们居然敢主动挑衅我们！"

然而，帐篷里却没有任何动静。主管大声地拍了几下手掌，因为他觉得何乐弗尼肯定是和犹滴睡在一起。

帐篷里还是没有反应。主管只好揭开帷幕，看见何乐弗尼就躺在地上。当他看清帐篷里的场景时，忍不住惨叫出声。将领们也纷纷闯进帐中，大惊之下有人嚎叫道："天哪！亚述帝国的荣光居然就这样被一个妇人玷污了！"

很快士兵们也都知道了这件事。他们都感到异常害怕，纷纷丢盔弃甲地逃下山去。

以色列人循着他们逃遁的路线掩杀过去，斩获了无数战利品，其中有金银珠宝、牛羊牲畜，还有各色武器和众多帐篷。以色列的女人们都赶去犹滴家中，想要亲眼见到她的模样。她们围着她又唱又跳，犹滴则站在人群中笑靥如花。她手持一大段绿色树枝，为每一位妇女折下一段。她们用橄榄树枝为犹滴做了一个花冠，然后在全城人面前手拉着手，高唱赞歌。

犹滴一直住在伯夙利亚。后来她赐给了女仆自由，在整个国家都享有盛名。许多人都想娶她为妻，但她却一一婉拒。许多年后，她在高龄时才告别人世。这之后的许多年，都没有人再进攻以色列人。

（《犹滴传》8.1—16.25）

以斯帖 *Ester*

《以斯帖记》中讲述了两个故事，从它们中又衍生出第三个故事。第一个故事讲的是波斯王国丞相哈曼的上位和失势。他是一个野心勃勃、利欲熏心的人，同时还有极端的反犹太倾向。

第二个故事讲的是美丽、虔诚的犹太少女以斯帖。她来自国王的后宫，在面临死亡的威胁时保持着极大的勇气和理智，拯救了她的犹太同胞免于遭受屠杀。在这场考验中，她没有过多顾及自己的安危，动用了自己所能动用的一切手段：王后的地位、自己的财富以及自己的生命安全。

尽管如同《旧约》中的许多其他故事一样充满了暴力元素，她的故事还是显得格外优美凄婉。正如她的名字的波斯意思一样，她给人留下了如同星辰一般的印象。对于犹太人来说，她就意味着希望，被上帝支持、充满安全、没有迫害的希望。

以斯帖的犹太名字更加深化了她的光辉形象：她叫哈达莎，意思是爱神木。这种充满芳香、绿叶不败的灌木被认为是光明和对失乐园永恒记忆的象征。当犹太人庆祝节日时，会用爱神木的枝叶装饰祭坛、帐篷或者房屋，象征着和平。

《以斯帖记》的第三个故事就讲述了这样的一个犹太节日。因为这个节日和抽签(Pur)有关，犹太人就将之称作"普珥节"(Purimfest)。直到今天人们还

在过这个节日。尽管在亚达月十三日会有一个斋戒日，正如故事中以斯帖和末底改在拯救之日前夜那样，但在亚达月十四日则会有一场大型的盛宴，人们会把食物分赠给穷人和朋友，就如同故事中那样。

有些地方在这个节日会上演盛装游行、各种游戏等，有时候人们用木头玩偶制成“哈曼”，在节日结束时敲碎泄愤。在另一些地方，人们用碟子盛满水果糖、茴香饼等，给孩子们吃。这种茴香饼还被他们称作“哈曼耳朵”。在几百年的演变当中，出现了越来越多的节日食品，如：哈曼包——一种带有罂粟粉或李子酱的三角形糕点；模仿以斯帖王冠形状制成的一种圆形糕点；用葡萄干和糖熬制的一种酸菜，象征着上帝的仁慈。

在上述庆祝方式之后，普珥节将在次日的中午或者下午结束，此时一顿美味可口的大餐又是免不了的。人们会点起蜡烛，静静地聚在一起，有时候直到午夜时分。

在波斯国王亚哈随鲁王统治的第二年，便雅悯支派的末底改做了一个梦。末底改住在书珊城。他属于从耶路撒冷被驱逐到巴比伦的那些家族之一，在书珊的王宫里有很高的名望。

他梦见的是一片噪音和人们惊慌的叫声，地震轰鸣，雷电交加，整个大地都陷入混乱之中。这时两条巨龙在空中交搏，其嘶吼声震撼人心，人们四散奔逃。圣人则挺身而出，向上帝高声祈祷。忽然一眼清泉从地底深渊中冒出，电闪雷鸣后顷刻间变成晴空万里，弱者得到了救治，而傲慢者则俯首帖耳。

末底改从梦中惊醒过来。他一整天都懵懵懂懂，不知道上帝想通过这个梦向他传递什么信息。当时他在宫里做事，与隶属于卫兵队的两名侍臣同居一屋。一天晚上，他听见他们聚在一起，悄声商量谋杀国王的事。他把一切都记在心里，第二天向国王禀告了此事。两名侍臣就此被捕下狱，整个事件也被史官记进了王国编年史中。末底改受到国王的厚赐，与国王的联系也更加紧密。谁料这件事却引起了国王的丞相哈曼的极大不满。野心勃勃的他不能允许一个出自被驱逐家族的人受到这么高的奖赏。

次年，国王在书珊城举办宴席。其时，他统治着从印度到古实的一百二十七省。这次宴席上，他请来了王国内所有的贵族、文臣、将领和其他上层人物。

在一百八十天中，他向群臣展示着自己的富有和权势。最后，他在自己的花园中举办了一场持续七天之久的宴会。

宫中可谓金碧辉煌，奢华无匹。雪花石膏的柱子上挂着厚厚的亚麻帘子和紫红色的丝绸，地面由五彩缤纷的大理石、珍珠母和雪花石砌成。国王慷慨地拿出了最好的酒，让仆人们斟在金银碟里。宴席上，每位嘉宾都可以尽情地享受美食和人生。王后瓦实提也准备了精美的宴席，款待在宫中的妇女们。

到了第七日，国王已喝得酩酊大醉，遂下令自己的七个太监让王后瓦实提戴着王冠出来，希望让众宾与百姓惊羡她的美艳。但王后不愿服从这一命令。国王大怒，心如火烧地喝问宾客中的贤人和法律学者："对待这种不听使唤的妇人，应该怎么办？王法是怎么说的？"

这些人答道："王后违命，不但羞辱了国王，而且羞辱了所有的贵族和百姓！王后的行为是全国妇女的榜样，如果她们知道了此事，一定也会藐视自己的丈夫，男人们的尊严就丢光啦！瓦实提不该再出现在国王面前，她的位置应该由一位更加理解国王威严的女子来接替。"

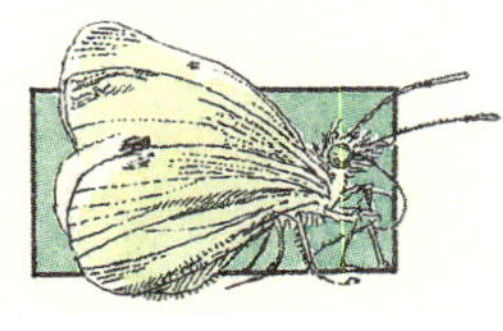

亚哈随鲁王大悦，遂下令用各种语言发此诏书于全国。这样，所有男子在不喜听从的妻子面前的尊严都得以保全了。

过了一段时间，国王的怒气渐渐消退，他感到了孤独。他有一个强大的国家，却没有一位做王后的妻子。他的仆人们遂建议，召集全国各省的美貌少女，让国王从其中挑选一位为新的王后。

国王于是下令召集全国的美貌少女。其中一位正是末底改的侄女以斯帖。在她的父母死后，末底改将她当作自己的女儿抚养。以斯帖貌美如花、端庄娴静，当她来到王宫时，国王的选拔官对她非常满意，派七位能干的宫女服侍她，并允许她住进女院中最好的房子。众美女还会获得食物，并要用香料、没药和其他美容之物洗净身子十二个月，然后才允许她们觐见亚哈随鲁王。

在此期间，以斯帖从未对外人泄露过自己的出身。末底改事先早已叮嘱过她。他每天都会到女院中来，因为他要知道别人怎样对她，她感觉是否尚好。她也和其他美女一样，每晚都需涂油、上香料，然后穿着名贵的华服进去见国王。次日一早她们回到另一座女院，没有国王的征召，不得再次入宫。

当轮到以斯帖时，太监们拿出丝绒、绸缎、耳环、项链和各种华服，但她什么也不要，道了谢就走了出去。当她站在国王面前时，国王和周围的所有其他人无不为她的风姿所迷倒。国王一眼就爱上了她，比喜爱任何其他女子都更喜爱她。他为她戴上王冠，封她为王后。随后，国王非常高兴地举行了一个盛大的典礼，并在酒宴上盛情招待全国的贵族和大臣，还免去了全国各省的税赋。

不久之后，国王赋予丞相哈曼至高的荣誉，命令其他人必须在哈曼面前跪拜。所有臣仆都听从此命令，唯有末底改不跪不拜。

末底改的仆从问他："你为什么不遵从国王的命令呢？"

他们每天都问，因为末底改从来不下跪。最后他向他们解释，自己是个犹太人。他的仆从将这个回答告诉了哈曼，希望哈曼能够接受末底改的这个理由。谁料哈曼的怒火不但没有减少，反而更加炽热。但他不满足于仅惩罚末底改一人，他想毁灭亚哈随鲁王统辖范围内的整个犹太民族。

于是他在亚哈随鲁王统治的第十二年的尼散月抽了签，决定在第十二个月，即亚达月的第十三日动手。

到了那一天，哈曼对国王说："在您的王国，有分布于各地的一个民族没有真正融入我国。他们有自己的法律，与您的法律大不相同。允许这样的现象存在，是有损于您王者尊严的。如果您觉得恰当的话，请下令将这些罪恶的人斩尽杀绝。从他们的财富中，我能为您的宝库增添无数金银财宝。"

亚哈随鲁王将手上的印章戒指摘下交给哈曼，并对这个犹太人的死敌说："对这个民族做你想做的一切吧，他们的财富也属于你了！"

哈曼戴上戒指，很快就将国王的命令用各种语言传遍全国，称应在亚达月的第十三天除尽所有的犹太人，因为他们的律法破坏了王国的统治。

信使带着命令，骑上骏马奔向全国各省，这样指定的日子就能得到遵守。当命令传到书珊城的时候，国王和哈曼正在一起开怀畅饮。

这时书珊城里却已乱了套。末底改撕裂了自己的衣服，穿上一个大口袋，带着绝望将烟灰撒在头上，向王宫奔去。

"他怎么了？"王后以斯帖听到宫女的汇报后吓了一跳。她让宫女给末底改带去一件长袍，因为头顶烟灰、身穿口袋的人显然是不能进宫的，而女院则是宫外男人绝对不能进入的。

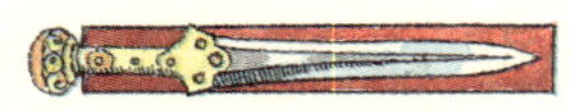

于是她让一个太监到女院大门外的巷子里听末底改说话。末底改告诉了他国王的命

令，并将已传遍全国的命令书给他看。

以斯帖认真地读着每一个字，她的心开始怦怦乱跳。她感到自己异常惊慌失措，于是让太监去门口替她问："你我都知道，如果没有国王的宣召就擅见国王，是要被判死刑的，除非国王用自己的黄金权杖对他特赦。国王已经有三十天没有宣召我了。我该怎么办呀？"

末底改通过太监回答说："不管你是否相信，既然你是唯一一个住在宫里的犹太女人，这将救下你自己的命。如果你沉默不语，拯救也会从其他地方出来，但你和你的家人可能都会被杀。你没想过，自己为什么会在这个时候出现在宫里，而且拥有王后的威严吗？"

以斯帖通过太监回话："好吧。请你回去把所有犹太人聚在你身边。请你们斋戒三日，并为我祈祷。我也会和我的侍女们共同斋戒三日并祈祷。然后我会不顾一切地去见国王。如果我死了，那也是我的命。"

于是末底改扯起撒满了烟灰的口袋，回到了书珊城，然后照着以斯帖说的一切做了。

以斯帖穿上丧服，带着必死的恐惧和决心向上帝祈祷。她不吃不喝，将烟灰撒在自己美丽的黑发上，于是头发变成了灰色。到了第三天，她将自己清洗干净，涂上香油，并穿上了自己最美的衣服。然后她走进内宫，来到国王的王殿之外。国王戴着王冠，威严万端地坐在王殿上。当他看见以斯帖时，心情大悦，于是用自己的黄金权杖指了指以斯帖。她微笑着走近了国王，紧挨着他的权杖。

"哦，以斯帖，我的王后，"国王问道，"你来找我有什么事吗？你什么都可以要，即便是我的半个王国！"

以斯帖说："谢谢你，我的王。但我只想请你和哈曼来我的后宫就餐，我已经准备好了一切。"

“呵呵,那再好也没有了,”国王答道。

晚上,国王果然和哈曼出现在了以斯帖的后宫。他心情愉悦地说:“我的王后,你想要什么吗?你可以要任何东西,即便是我的半个王国!”

“如果允许的话,”以斯帖答,“我想请您和哈曼明早再次来我的宫里就餐,那时我将会回答您的问题。”

国王愉快地答应了,然后带着哈曼离开。

次日一早,当哈曼神采奕奕地起床之后,发现末底改站在王宫的大门之外,见了他仍然没有下跪。

哈曼一言不发地走开了。当他晚上回家和妻子以及朋友们说,自己怎样从亚哈随鲁王那儿获得了无上的权力和财富,怎样荣幸地受到了王后的两次邀请时,他的妻子细利斯和朋友们一边为他高兴,一边大骂末底改胆大妄为。

“以你的尊贵和权位,是不能容忍这种行为的!”他的妻子说,“应该用十五米长的绳子绞死他!你明天早上就去对国王说,末底改应该被绞死。然后再高高兴兴地去就餐。”

哈曼对这个想法很满意,于是他让仆人准备了这样的绳子。

这天晚上,国王无法入睡,于是让一名侍从给他读王国的历史记录。当他听到忠心耿耿的末底改救了他的命时,忽然像想起什么似的问道:“等一下,我是否奖赏过他什么?”

“不,”侍从答道,“从记录来看您还没奖赏过他。”

这时天色渐亮,国王问道:“宫门外是什么声音?”

那是哈曼在进宫。他想尽早来和国王说杀掉末底改的事,以免夜长梦多。

“进来吧,”国王说,“你来得正是时候!你说说看,为王者应该怎么对

待他尊敬的人？”

“哈哈，”哈曼心想，“这说的应该是我吧！”他深吸一口气，回答道：“您应该让他穿上国王的袍子，让他骑您的马。您还可以给他戴上您的王冠。然后让人牵着马在城里四处喊：‘来看看吧，来看看吧！’这样才是对待您尊敬的人的方法啊。”

“很好！”国王欢叫道，“就用你说的方法来对待末底改吧！”

哈曼听了脸都气白了，牙齿恨得咯咯作响。但他不能不去找末底改，并给他穿上国王的袍子、骑上国王的骏马，并让一个侍从带着他在城里四处呼喊：“来看看吧！这位就是国王尊敬的人！”

最后，他回到了家，对妻子说了自己今天受到的打击。

“末底改是你这么危险的犹太敌人，难道我们还想不出对付他的办法吗？”细利斯说道。

但是，在她说出自己的计谋之前，国王的仆人已经来接哈曼赴王后的宴请了。在他们酒足饭饱之后，国王像前一天晚上一样问道：“我的王后，你想要什么吗？你可以要任何东西，即便是我的半个王国，我也肯给你！”

“如果我能得到您的许可的话，”王后说道，“我想请求您将我和我族人的生命赐给我。因为我们被人陷害，马上要遭受驱逐、杀害和屠戮的命运。如果他们将我们出卖为奴，我本不想开口争辩。但是如此一来，您的损失恐怕将难以弥补。”

国王提高声音，惊诧地问王后以斯帖：“是谁？谁胆敢做这样的事？”

以斯帖答道：“那人就在这儿。他就是哈曼。”

哈曼立刻意识到自己的失败。国王却又愤怒又失望地走进了王宫的花园里。他感到自己难以再忍受哈曼的目光。

他刚走出房间，哈曼就恐惧地倒在以斯帖的脚下，向她苦苦哀求起来。他知道等待自己的是什么样的下场。这时国王又从花园里走了回来，他看见这一幕变得更加生气了。他怒吼起来："难道你还想对你的王后行使暴力吗？就在这里，在我的王宫？"

他还未发出命令，就有侍从过来将哈曼的脸蒙上，拖了出去。这意味着对他宣判了死刑。

"就在哈曼的府邸前面，"一名侍从报告说，"立起了一座绞架。他想用它来绞死末底改，那位救过国王性命的英雄。"

"那就把哈曼吊死在那里！"国王下令说。哈曼被绞死后，国王慢慢冷静下来。就在同一天，国王将哈曼的旧宅赐给了以斯帖，并让人接来末底改，将自己的戒指赐给了他，就此给了他权力、影响和自己的信任。

在以斯帖的请求下，他收回了哈曼散布在全国的关于屠杀犹太人的命令。同时他还下令，允许犹太人对任何不公平行为进行报复以及索取赔偿。

王国四处充满了欢庆之声和喜悦之情。末底改却提醒他的族人，要在这幸福平安的时候，仍然牢记该感谢上帝。于是犹太人拿来了许多东西赠送给穷人。他们还决定，为了纪念这个日子，以后将每年的今天作为节日加以庆祝。

（《以斯帖记》1.1—10.3）

约伯

Hiob

在囚困于巴比伦的那些年月里，即使是最虔诚的人有时也不禁要问：我衷心奉行戒律，缘何也遭到惩戒？

然而，那些整日花天酒地的罪人、那些谋财害命的不义者、那些欺瞒朋友与妇女的作孽者却逃过一劫。在度过放荡却无忧无虑的一生后，他们得以在宁静中安逝于床头。

上帝的正义在何处？为何他要令他忠诚的信徒过着流离失所的生活？为何他要用苦痛折磨他们？为何他要让他们被迫害、被放逐？波斯王居鲁士赐予犹太人自由，并让他们返回家乡。然而犹太人的苦难并没有由此终结。那些踏上漫长而艰辛的归途的男人、女人，由于他们出生在放逐之中，对古老的家园倍感陌生。在那里，等待着他们的还有贫瘠和匮乏。

一切都天翻地覆：犹太王国失去了它的光辉，这里如今到处可见异族统治的痕迹。一大部分犹太人散落在巴比伦、波斯、埃及、小亚细亚与希腊，后来还有罗马和西班牙。只有少数人还居住在耶路撒冷，可是那片地中海边上的海滨地带，如今越来越常被称作巴勒斯坦，意为非利士人的家园。连上帝在人间的居所——圣殿——也经受了摧毁与玷污。

在《旧约》伊始，就出现了警示：当心盘踞在你门口的恶，它潜伏着，等待你的召唤！

人类是否自己犯下罪责，从而解除了对恶的束缚？还是人类的仇敌——

撒但，造成了这一切？撒但是否亦位列于天国之众，得到上帝的允许，去考验他的造物，引诱他们远离上帝之道？撒但是否拥有属于他自己的恶之王国？他是否如波斯人所确信的那样，是一名堕落的天使？经历了流亡之苦，恶在撒但体内逐步形成。在拉丁文中，撒但被称作迪亚波路斯，意为魔鬼，我们今天所用的“魔鬼”一词即发源于此。

不管以何种形式出现，不管以何种名称出现，死亡与魔鬼，这些邪恶的力量，都是世界的一部分。

以东之南，红海之西，有一地名为乌斯，此地濒临阿拉伯沙漠。有一个名为约伯的富人居住在此。他正直、本分，堪为每一个人的榜样。他爱神、敬神，远离恶事。

约伯有七个儿子、三个女儿。子女们出落得良才美质，做父亲的深以他们为骄傲。他饲养的牲畜个大体健，有三百头骆驼、五百头牛、五百头母驴、七千头山羊和绵羊。服侍他的还有众多的牧人、仆役及侍女。在犹太王国南部，没有一个人像约伯这样享有如此大的声望。他的儿子们按照日子，每周各在自己家里摆设筵席，然后就打发人叫来他们的姐妹，邀她们一同吃喝。

筵宴的日子过了，约伯早早起床，他按照自己子嗣的数量献了燔祭，因为他自言自语道：“唯恐我的子女犯了罪，心中弃掉了上帝。我为他们祈求宽恕。”每次筵宴过后，他都要这样做。

可是有一天，天使，这些神的众子，侍立在神面前，暗黑天使撒但也位列其中。

上帝把目光投向撒但，问道：“你从哪里来？”

“啊，”撒但说，“我在大地上穿行，来来回回。”

“哦？”上帝说，“那你一定看到我的仆人约伯了。大地上没有第二个人像他一般正直、本分、敬神、远离恶事。”

撒但大笑，说：“难道你认为，约伯敬畏你是没有缘由的吗？你令他生活美满，赐予他子嗣、牲畜、房产、财富，并将这一切置于你的保护之下！你恩准他将他的财富扩散至整个国家。可你试一试，伸手毁掉他所有的一切，你就会发现他如何改变，如何憎恨你、远离你！我们不妨打一个赌！”

上帝回答撒但：“好吧。你可以随心所欲地处理他的财富，但不要伤害他本人。”

撒但点点头，离开上帝和其他天使。因为有他们在场，撒但就不能对约伯做出他所设想的那些。

撒但开始惩戒约伯的儿女。有一天，约伯的子女们在长兄家齐聚一堂，正如往常一样欢宴，大吃大喝。突然，约伯家门外闯进一个报信人，气喘吁吁，跑到约伯面前说：“我的主人，我们刚才正用牛犁地，驴在旁边吃草，突然来了一伙强盗。他们是来自示巴的游牧人。他们用利剑砍死了你的牧人，抢走了所有的牲畜。我是唯一一个从他们手中逃脱回来的，于是赶回来报信。”

这个信使话还没说完，又闯进来一个信使，喊道：“上帝从天上降下火来。闪电把绵羊和牧人打死了。只有我一人逃了出来，赶回来向你报信。”

这个信使正说着话，又闯进来第三个信使，上气不接下气地说：“迦勒底人分成三队，突然闯来，袭击了你的驼群，把骆驼抢走，并用利剑杀了牧人。只有我一个逃脱，赶回来向你报信。”

他话音未落，又闯进一个信使，还没有从惊恐中回过神来，结结巴巴地报告说：“我的主人，你的子女正坐在他们的长兄家吃饭喝酒，不料突然旷野上狂风大作。狂风吹来，击打屋子的四角。房子倒下来压在你的子女身上，所有人都被压死了。只有我一个人活着逃了出来，赶回来向你报信。”

约伯站起身来，脸色如布般惨白，战栗不止。他猛然间撕裂外袍，剃了头，伏在地上向上帝下拜，说：“我从母胎中赤裸裸地出来，我也将赤裸裸地回归。神赐予我的一切，也将由神收回。上帝之名是应当称颂的。”

尽管受到沉重打击，约伯对上帝的忠心依然毫不动摇。他没有背弃上帝，也没有妄加评论。

又有一天，众天使再次齐聚上帝身边，撒但也位列其中。

上帝问撒但：“你从哪里来？”

“啊，”撒但答道，“我在大地上穿行，来来回回。”

“哦？”上帝再问，“那你一定看到我的仆人约伯了。大地上没有第二个人像他一般正直、本分、敬神、远离恶事。即使你毫无缘由地那样对待他，他也依旧保持忠诚。”

撒但大笑，说：“那只是因为还没有波及他本身。为了保命，人可以牺牲他们所有的一切。可你试一试，伸手伤他的肉和骨头，你就会发现他如何改变，如何憎恨你，远离你！我们不妨打一个赌。”

上帝回答：“好吧。你可自由行事，但不可伤及他性命。”

撒但张开他的黑旗，呼啸而去。他清楚如何动手，他使约伯从头到脚，全身都长满毒疮。然而约伯仍不怨不言。他坐在炉灰中，忍着剧痛，拿瓦片刮身体。

约伯的妻子同情地望着他，问：“难道你还要坚守你的虔诚？弃掉上帝，死了算了！”

约伯却摇摇头，说：“你说话就像愚昧的富人。我们不是从上帝那里获了福吗？难道我们不应再从他手中受祸吗？”

他依旧毫无怨言。约伯在以东和阿拉伯有三个朋友：提幔人以利法、书亚人比勒达、拿玛人瑣法。他们听说了他遭受的灾祸，便从他们各自所在的城市里赶来。他们相约好，去安慰约伯。

可是，当他们远远望见约伯时，却几乎认不出他来。当他们终于明白这个在灰中挣扎的可怜人就是他们的朋友约伯时，便撕裂自己的外袍，抓起尘土向天扬撒，灰纷纷落到他们头上。

三个朋友围着约伯坐在地上，七天七夜间，他们一个字都说不出来，因为他们目睹了约伯所受的苦痛。

然后，约伯开口诅咒他诞生的那天："我在离开娘胎的时候，为何不直接死了？那样我现在就能躺在坟地里，静享安宁。唉，为何上帝要将光明与生命赐予绝望的人？"

以利法回答说："也许你现在不想和人说话，但我实在忍不住要掏出心里话。你想想吧，你指点过那么多人，让那么多人从柔弱变为坚强！如今你自己遭了灾，便要倒下吗？你所倚靠的，不就是你对上帝的敬畏之情吗？无辜的人会灭亡吗？不！为什么不？因为上帝不会惩罚无罪之人！啊，我的朋友啊，我听到一个声音在说：在上帝面前，难道有谁能够无辜？我们所有人，难道不是与生俱来都是罪人吗？我告诉你：上帝惩罚你，是你的福分！他使你改过自新。全能的上帝没有无缘无故地惩罚你，因为他打破，又缠裹，他伤你的时候也在拯救你。"

然而朋友的这番话并没有带给约伯一丝慰藉，因为朋友所言只是遵从了一般人的看法：无辜的人不会遭受噩运。可是约伯的确无辜，他奋力反抗，抱怨说："啊，但愿能将我的烦恼与我的痛苦放在天平上称一称！怎一个苦字了得！啊，我真想一了百了！对我这无罪之人，就不能来些救助和怜悯之心吗？”

但朋友们不赞同他的这番言语。他们不停地说教着，劝慰约伯。他们说，凡是惩罚必有其原罪。他们说约伯不该抱怨，而要将这一切灾祸视作罪有应得的惩戒。

可是约伯坚持认为自己正直，大呼自己命中的不公。“我不能不说！”他嘶喊道，“我叫喊是因为我心生恐惧，我抱怨是因为我灵魂困苦不堪。”他细数他的苦痛：“上帝摧垮了我，他要我在绝望中前行，在他的怒火中挣扎。他赶走了我的兄弟，让我的亲人与我形同陌路，让我的朋友们把我忘在脑后。我的仆役们再也认不出我。我若是召唤我的仆人，他会装聋作哑。我的呼吸散发着恶臭，令我的妻子也要退避三舍。我的子女厌恶我，见到我也要弃我而去。青年人蔑视我，不再要我出谋划策，我若是挣扎反抗，就会被报以咒骂嘲弄。我的所爱都背弃于我。告诉我：为何上帝要如此惩罚我？我只知道，我的救世神还在这世上，他将拯救我于这尘世之中。”

这一天快过去的时候，来了约伯的第四位朋友，名为以利户。他比其他三位都要年轻。那三个人已经口干舌燥，再也不能言说。以利户非常生气，因为他们对约伯的说辞并不能使人感到慰藉，反而会刺伤约伯。

然而以利户也辩驳约伯的话语，因为他质疑上帝的公正。他说：“不可用人的标准来衡量上帝。难道因为他没有告诉你他这么做的原因，你便要指责他吗？”

以利户认为，上帝对约伯的惩罚实际上是对约伯的救赎。他说：“上帝永远公正。”然而以利户也没能说服约伯相信他有罪，他口干舌燥，只得住口。

突然，天空中狂风大作、电闪雷鸣。伴着隆隆的雷声，上帝的话语传了下来：“何人在用无知的妄语解释我的旨

意?站起来,约伯,像一个男人那样挺起腰来!我且问你,你告诉我,我创造大地之时,你在何处?你可知晓,是谁为大地创立了法则?世界的支柱在何处?当晨星歌颂我的功德、我众多的子嗣欢唱时,是谁立下的基石?是谁将大海驯服?你可曾走过海的源头,在深渊的隐秘处行走?死亡之国的大门可曾向你打开?你可曾看见黑暗的入口?你可知晓世界有多宽,光线从何而来,是谁让雨水降落在寸草不生的荒野上?你能将昴星团连成一片,将猎户座的带子解开吗?你能让晨星准时出现,让北斗七星升上天空吗?你能发出高及云彩的声音吗?你能释放闪电,叫它嘶闪摩擦,并对你说:我们在这里吗?你能让母狮追逐猎物,为它的幼崽觅食吗?你能赐予骏马力量,为它的脖颈披上鬃毛吗?你能让苍鹰展翅,飞向南国吗?"

顿了一顿,上帝又问:"强辩的约伯,你能回答全能者的问题吗?"

"叫我如何回答呢?"约伯说,"我唯有停下我的口舌。我曾满口怨言,口无遮拦。因此再也不敢第二次放肆了。"

上帝又用巨兽河马、鳄鱼等例展示他的力量,约伯最后回答:"我认识到了你的全能。你的确无所不能。我承认,由于无知和蒙昧,我曾失却理智,对我不懂的奥妙加以抱怨。以前我只是风闻于你,如今才亲眼见识到你。我衷心请求你的宽恕,愿在尘土和炉灰中懊悔。"

上帝却转向约伯的朋友们,因为他们曾做过些对上帝不公正的评语,不如约伯虔诚、可信。他责令他们取七头公牛和七头公羊来约伯这里为自己献燔祭。

"我的仆人约伯会为你们祈祷,这样我便不会因为你们的愚妄而惩罚你们。"

约伯的四个朋友急忙照上帝的吩咐行事,得到了约伯的祈祷,才得以免除惩戒。虽然他们曾认为约伯有罪,但约伯仍替他们代言,上帝便改变了约伯的命运，赐予他的东西双倍于他所失去的，并使他大病痊愈。约伯的兄弟、姐妹、友人等纷纷来看望约伯。他们共聚一堂，诉说对约伯的同情，宽慰他所受的苦难。每个人都赠与他一块银子、一个金环。上帝后来赐予约伯的，比以前更多。他拥有了一万四千头羊、六千头骆驼、一千头牛和一千头母驴。约伯又得到了七个儿子、三个女儿，一个比一个漂亮。他们的父亲非常富足，能够分给每个儿女一部分遗产，而按照惯例，只有儿子才能得到这些遗产。约伯又活了许多年，看着他的子孙四世同堂。在老迈之年，约伯满足地去世了。至此，撒但终于没有话说。

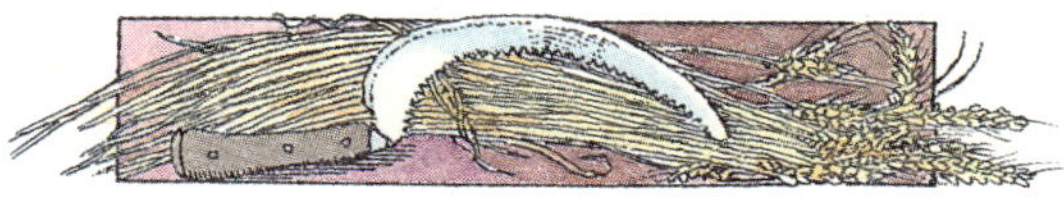

（《约伯记》1.1—42.17）

Daniel
但以理

本故事讲述巴比伦之囚的起因，以及在流亡路上、在异国求生的人们的故事。

故事开始便出现了约雅敬。他是犹大国的最后一任国王，但他并非被犹大国人民选做国君，而是被埃及册封为王，因为埃及占领了犹大国。受法老之令，他的任务是从犹太人那里搜刮黄金白银，抽取税资。他的所作所为"为上帝所不喜"，因为他迫害上帝的先知，用刀剑追逐他们。

这时，巴比伦国的尼布甲尼撒王起兵征伐埃及，在幼发拉底河的一次大战役中彻底地击败了埃及，夺走了埃及的土地，一直占领到巴勒斯坦的南部。约雅敬便不得不宣誓效忠巴比伦王。

这是一个喧嚣混乱的时代，充满了对巴比伦的反抗、对邻国的袭击、大败仗、残酷的镇压、逃亡与掠劫。约雅敬死了，没人知道他是死于战争，还是死于谋杀。

犹太人失却了他们的荣光。巴比伦王一开始就抢夺了上帝在耶路撒冷居所中价值连城的财宝。巴比伦王将这些财宝带回本土，用于奉献自己王国的神庙。但他的贪欲仍得不到满足。他将战败者尤其是青壮劳动力掳往巴比伦，这期间就产生了但以理的故事。

但以理并非历史上真实存在过的人物。他是一个英雄，一个象征，他在这段荒乱的时期内一再证明，忠诚、正义和坚定不移自有其价值。他一再证明，

只要人民反抗偶像崇拜、遵从上帝的戒律,上帝就会伸出援手。

在巴比伦,以色列人对但以理的事迹总也听不够。关于他的事迹一个接一个出现。但以理总是以智慧、勇敢、对信仰和希望毫不动摇的形象出现。在那个充满了困苦的时代里,这样表现一个英雄人物,要比按照年代来讲述他的事迹、讲述本国和外国的国王的故事更为重要。

巴比伦王尼布甲尼撒在经过一系列的征服后,再次踏上了被征服的国土。他一再寻思着,如何让被战胜和被掳走的人民真正臣服。首要的任务便是防止他们在本国谋划叛乱。

于是,他命令太监长从以色列王室和贵族家庭中挑选出一些健壮、俊美、聪慧、受过良好的教育、既明事理也懂学问的青年。他们要在巴比伦宫廷里学习迦勒底的语言文字。他们被恩准用御膳、饮御酒。经过三年的培养,他们便可以在宫中侍奉尼布甲尼撒国王。

他们中间有犹大族的人:但以理、哈拿尼雅、米沙利和亚撒利雅。在他们长途跋涉,到达巴比伦后用第一餐时,但以理就一眼瞧出,所供食物不合他们一直奉行的戒律。由于他不想用巴比伦国王赐予的饮食来玷污自己,便向太监长请求别的饮食。

太监长说:“我也想这样办。可是我非常惧怕我的国王。若你们不用他指定的饮食,有一天瘦下来的话,我王便会大发雷霆,砍掉我的脑袋!”

“你暂且试一试吧,”但以理请求说,“你先让我们吃十天面包、蔬果,只饮水。如果我们和宫中其他孩子相比有所不同,那我们便依你所言。”

太监长同意了。过了十天,但以理和他的朋友们看起来比宫中其他孩子都要健壮。这样,他们就继续取用他们的戒律所允许的食物。上帝还赐予他们聪慧,使他们比别的孩子更早地学会宫中的语言文字。但以理还具有了解析梦境与异象的天赋。

培养阶段快完结的时候，太监长将他们带至国王面前。国王和所有孩子都交谈过，但最喜欢的还是但以理和他的几个朋友。国王就留他们在身边侍立。国王一再发现，这几个孩子比他整个王国境内的所有术士、预言家都要聪明十倍。

尼布甲尼撒在位第二年，做了一个梦，心里异常烦乱，以致不能睡眠。他召唤来所有的术士、预言者和算卦人，但无人能解国王的梦。盛怒之下，他令人砍掉所有这些人的脑袋。但以理和他的朋友们也危在旦夕。但以理跑去找到刽子手说："勿对术士们大开杀戒！带我去见国王。我来给他解梦。"

刽子手松了口气，收起刀斧，将但以理带到国王面前。国王生疑，问道："你真能替我解梦？"

"并非我本人来解，"但以理答道，"是天上的我的神来明示所有的梦境。"

不等尼布甲尼撒说话，但以理就知道他做的是什么样的梦。

但以理说："我的王，你所思虑的是未来，你梦见的是一个巨大的雕像，身躯庞大，闪闪发光，目中发出慑人的光芒。这像的头是金的，胸膛和臂膀是银的，躯干和腰腿是铜的，腿是铁的，一只脚也是铁的，另一只则是半铁半泥。正当你看的时候，飞来一块石头砸到巨像的脚上，将它们砸得稀巴烂。巨像一下子就垮了下来，化作了灰尘、铁、铜、金、银。最后除了灰尘，一切都被风刮得无影无踪。石头却越长越大，最后变成一座充满了整个大地的大山。这便是你的梦境。听我给你解梦：你是王，是万王之王，天上的神赐予你一切权势与力量。你便是那金制的头。在你之后，会有一个不及于你的王国，在那之后，又会出现一个铜的王国，它将君临天下。第四个王国则如铁般坚硬，它

能粉碎一切。最后你还看见，那一半是铁一半是泥，混在一起，这王国必将分裂。那里的人掺杂在一起，但却不能彼此融合，正如铁和泥彼此不能相融一般。列王在位之时，天上的神将建立一个恒久的王国。这便是那块充满了整个世界的石头。伟大的上帝如此向尼布甲尼撒预示了即将发生的事情。梦境是真切的，其意义也是明晰的。”

国王听罢但以理的言语，拜倒在地。他称颂上帝之名，并献上供品。他还封给但以理高官厚禄，要他紧伴在自己身边。

如此过了经年累月，国王的权势愈发壮大。他命人造了一座金像，高二十米，宽两米，立在巴比伦的杜拉平原上。各地总督、钦差、巡抚、法官都来此地参加金像的落成典礼。传令官大声宣布，所有的人一旦听见长号、喇叭的呼令，便要立即伏拜于地，敬拜此像。他还说：“凡不拜伏者，便要被扔进炽焰炉火中烧死！”

这时长号、喇叭、琵琶、竖琴、摇铃各种乐器声大作。所有人无不敬畏，纷纷拜伏于地，敬拜国王尼布甲尼撒所立之像。可是但以理的朋友沙得拉、米煞和亚伯尼歌却没有如此行事。他们的行径立刻被呈报给国王，国王怒火中烧，命人将他们带至自己面前。

“怎么？”国王咆哮道，“你们怎敢不敬拜我立的金像？我再说一遍：一旦听到长号和喇叭的诏令，立刻拜伏于地！否则我就把你们投入火炉，看何方神圣还能庇护你们！”

那三人答复国王说：“这件事我们不必回答你。我们的神必将救助我们！他将救我们脱离火炉并逃脱你的魔爪。就算我们的神不来救助我们，我们也绝不侍奉你的神祇。也绝不敬拜你所立的金像！”

尼布甲尼撒闻听此言，怒发冲冠，咆哮道：“将火炉烧热到寻常的七倍！”又命几个壮汉将沙得拉、米煞和亚伯尼歌三人捆了。这三人穿着正装、外袍和帽子，被拖到火炉前，扔了进去。

火炉中火势凶猛，火焰自炉中迸射出来，将国王的奴仆吞没了。但以理的三个朋友被捆绑着塞进火炉，但一眨眼的工夫，他们又恢复了自由身，在炽焰中来去穿行。他们口中称颂上帝，请求他的仁慈和救赎。

“所有对你的仆人以恶相向的人，都会被耻辱加身、失去他的权势！他们应当知道，你是唯一的神，你的名在整个大地上回响！”

来了些新的仆役，他们努力将火烧得更旺，烈焰冲天，火苗嘶叫着，灼烧每一个胆敢靠近的人。

可是，跟三个友人在一起的，是上帝派出的天使。他用他的羽翼遮挡住火焰，火炉中仿佛吹拂着和煦的春风。熊熊烈火远离了三人，丝毫没有灼烧到他们。

国王看到这一切，大为惊奇。他跳起身，追问他的谋士：“我们投进火炉的不是三个人吗？没有把他们捆绑住吗？”

“是的，”谋士回答，“千真万确。”

“可是我怎么瞧见了四个人，他们身无束缚，不受灼烧，到处穿行。这第四个人，看样子好像是神之子！”说完此话，尼布甲尼撒跑到炉边，叫喊着那三个友人的名字：“沙得拉、米煞、亚伯尼歌，你们是至高至大的神的忠仆！出来吧，到我这里来！”

三个友人便自火炉中出来，总督、钦差等人马上围了上来。所有人都惊慌失措，却又惊奇不已。他们简直不能相信自己的亲眼所见：熊熊烈火也没能伤害三个年轻人的身体。他们身上的毛发也毫无损伤。他们身上连火燎的味道也闻不到。

尼布甲尼撒便口中称颂三个友人的上帝，因为上帝派遣了他的天使，拯救了他的仆人。他们视上帝的戒律高于国王的，为了自己的上帝不惜献出身体。

“传朕的旨令，”国王说，“以后有谁胆敢亵渎这尊神，我就要他家破人亡。因为没有别的神祇能够这样施行拯救。”

而对沙得拉、米煞和亚伯尼歌，国王则赐予他们高官厚禄。

时光飞逝，尼布甲尼撒王撒手人寰，他的儿子伯沙撒即位。他位高权重，几乎不去想旁的事。

他在装饰得金碧辉煌的宫殿中大宴宾客。他们大吃大喝，满腹油脂。国王本人也开怀畅饮，命人将他的父亲从耶路撒冷圣殿中所掠夺而来的金银器皿取来。

“你们享有的一切都是最好的，你们所喝的也是最珍贵的。”他对群臣、妃嫔说，并将酒注满金制器皿。

众人一边痛饮、大笑，一边欣赏那些用金银铜铁木石制作的神像。他们在这些神像面前又唱又跳。

国王坐在一张长椅上，长椅银光闪闪，银子都掠自圣殿。银光映射在王宫大殿的墙壁上。突然，现出一只人手，在墙上一笔一划写了起来。

国王看见那只手。他看见那只手在墙上写字。国王面色如土，目瞪口呆，浑身的关节都在打颤，膝盖也抖个不停。“把占星师叫来！”他喊道，“叫我的巫师和术士们来！”

巫师、术士们赶来了，他们列在国王面前，深鞠一躬。国王开口说道：“谁若能解读这些文字，我将为他披上紫袍、戴上金链，并让他在我的王国中位列第三！”

可是没有一个人能够解读墙上的文字。国王愈发惊恐，大叫起来，太后在后宫都听见了。她急忙赶来，对伯沙撒说："王啊，但愿你拥有永恒的生命。你不必惧怕！在你的城中，有一个人能解梦，他名叫但以理！"

国王将但以理召唤来，对他说："我的智者和术士们没有一个人能解读墙上的字。他们说不出这些字的含义。我且问你。若你能解读这些字，我就为你披上紫袍、戴上金链，让你在我的王国中位列第三！"

"且留下你的馈赠，"但以理答道，"或者你赠给他人。但我会为你解读其中含义。上帝赐予你的父亲权势、荣誉、威严。所有的人都惧怕这权势。但你的父亲却滥用了它。他大权在握，决定他人的生死、贫富。他刚愎自用，被革了王位，生活贫困交加。后来他才明白上帝至高无上，掌管人间大权，并按他的心意赐予某人。你是他的儿子，你知晓这一切，却没有放在心上。你逆天而为，让你的群臣和嫔妃用圣殿中的器皿饮酒，赞赏那由石块与金属制作、既不能看也不能听、没有心脏也没有理智的神像。上帝本体你却毫不敬仰。因此他伸出手来，写了这些字在墙上。所写文字是弥尼，弥尼，提客勒，乌法珥新。它们的含义是：弥尼，就是说上帝算了你的国运年数，如今已完结；提客勒，就是说你被称在天平上，所占极轻；乌法珥新则是说，你的王国将分作两半，一半归玛代人，一半归波斯人。"

伯沙撒听罢，便命人给但以理披上紫红色的长袍，给他的脖颈戴上金链。他让人宣布，但以理成为国中第三位的统治者。就在当夜，伯沙撒被人谋害。玛代王大利乌取而代之。

那时，巴比伦有一个人，名叫约雅敬。他出身犹太世家，祖祖辈辈定居在此，代代富足。

他的妻子唤作苏珊娜，她美丽动人，敬畏神灵。她的父母按照摩西的律法将她养大成人，爱她无限。约雅敬拥有一座带花园的大宅，由于他声名显赫，犹太人常在此碰面。

有一年,犹太族人中的两位年长者被立为法官。“所有的不义都起自巴比伦!”这句话放在他俩身上再合适不过。他们经常到约雅敬家里。凡有诉讼之人,也都来到这里。

每到中午,众人散去之后,苏珊娜便在花园中散步,并嬉戏于树荫之下。两位法官每天都看到她在园中走来走去。他们渐渐迷恋上她,每天为她神魂颠倒。但两人谁也不敢向对方吐露自己心中的欲念,因为就算他们记不起上帝的惩戒,也会对自己的欲望羞于启齿,只得每天早晨都焦急地守望着,期盼中午再见到苏珊娜。

有一天,这两人中的一个煎熬不住,对另一个说:“回家去吧。是时候吃午饭了。”两人刚一分手,就各自折返回来。两个各怀鬼胎的人撞到了一起。他们只得相互承认自己对苏珊娜的私念。就这样,两个图谋不轨的人一拍即合。

没等几天,苏珊娜便和往常一样,在侍女的陪伴下走进花园。由于天气炎热难耐,她打算在园中洗澡,丝毫没有注意到两位法官如何鬼鬼祟祟躲藏在灌木丛中偷窥她。她吩咐侍女说:“给我从房中取来橄榄油和油膏,然后把门锁好,我要入浴。”

侍女遵命退下,锁了通向街道的大门,从侧门走出花园。她们也没有察觉隐藏着的两位法官。这两个人一听到大门上锁,便从灌木丛中跳了出来,跑到苏珊娜面前,对她说:“园子的门已经上锁。此处别无他人。来吧,与我们相拥而抱,并从了我们!若说一个不字,我们便会指证你在这里与小伙子幽会,因此才打发侍女离去!”

躺在浴池中的苏珊娜被惊吓得从水中站起,她用毛巾裹住身体,叹息道:“啊,我被困住了。如果我屈从于你们,我的死期便至。若我不从你们,结果也是一样。然而我宁愿被你们指责,也不愿在上帝面前犯下罪孽。”

然后她深吸一口气，大声疾呼。两位法官也大声呵斥，跑去打开通向街道的大门。外面的人听到里面的动静，就冲进大门跑到园里，看苏珊娜出了什么事。

好事者也跑进园子，只见两位法官站在那里，大声地恶言相告，连仆役都为苏珊娜感到羞耻，因为苏珊娜从未被说过这种话。

不必再提苏珊娜的丈夫约雅敬和她的家人对她说过些什么，又做过些什么。但他们马上意识到，苏珊娜的生命危在旦夕，他们不能不管她。

第二天，众人再次齐聚在约雅敬的家中，并请两名法官来宣布苏珊娜的死刑。就在这时，苏珊娜在家人、子女和父母的陪伴下走了出来。她风姿绰约，一如往常，并用帕子深深蒙着脸。这令两名法官感到不满足，命她摘下帕子。

她的家人闻听此言，不禁涕泪横流。在场的所有人也都为苏珊娜蒙受的这种耻辱流泪。两名法官却铁石心肠，站在众人面前，将手放在苏珊娜的头顶。这意味着苏珊娜将要被处以乱石击死之刑。根据习俗，所有的人都要参加这场刑罚。苏珊娜含泪望天，满心期待上帝的救援。

两名法官控诉她，一再声称，他们没能认出，也没能抓住园子里的小伙子。但有目击为证，这是通奸之罪，罪当处死。

众人沉默下来，他们思量着，应当相信两位长老的说辞，因为他们是最年长的人，又是年高德劭的法官。苏珊娜要被治死了。

苏珊娜突然大呼："永生的上帝，你知晓隐情！你知晓他们作了假证。我即将赴死，但我清白如故！"

上帝听到了她的恳求。当她被拉至刑场，即将被处以乱石之刑时，上帝唤醒了但以理的灵魂。但以理被人群席卷而来，这时他大声喊道："这个妇人要死了，罪不在我！"

众人惊异地回过身来，问道："你在说什么？你的话是什么意思？"

"以色列的子孙们啊，你们丧失了心智！"但以理疾呼道，"你们怎能不经审讯、不明真相，便要将以色列的女儿处死呢？回过头来！回到公堂之上，因为两个法官对苏珊娜作了假证！"

人群间顿时发出一片嘈杂声。众人回到了约雅敬的家中。长老们齐聚一堂，对但以理说："过来，坐到我们中间来，告诉我们你刚才说的话。我们早已发觉，上帝已将主事之位让给了你！"

但以理听从了他们的话，说道："将那两名法官分隔开，不让他们互相听见或看见。我来审讯他们。"

两名法官连连抗议，但几个年轻人将他们彼此分开。但以理叫他们其中一个过来，对他说："你罪孽深重，如今已耄耋老矣。你一生中，将无罪之人判为有罪，而让有罪之人溜之大吉。现在要轮到你被惩戒，因为上帝说过：不可杀义人和无辜之人！如果你真看见这个妇人对一个陌生人投怀送抱，那你告诉我，他们当时是在哪棵树下亲热？"

"在一棵乳香树下，"法官说。

"你在说谎，"但以理说，"你自作自受，上帝的天使会把你的脑袋劈作两半！把他拖下去，把另一个带上来！"

另一个法官被带了上来，浑身战栗地立在但以理面前。但以理说："情欲扭曲了你的心。犹太人的女儿却丝毫不惧怕你们！你告诉我，你在哪棵树下撞见她和生人通奸？"

"在一棵橡树下，"法官回答。

"你在说谎，"但以理说，"你自作自受。上帝的天使已经备了刀斧，准备惩罚你！"

众人立时齐声呼喊,赞美上帝,因为上帝拯救所有信仰他的人。两名作假证的法官被判处乱石击死之刑,这正是以其人之道还至其人之身。就在这一天,无辜者的血被拯救下来,苏珊娜的全家都向但以理称谢。自这天起,但以理的声望更是与日俱增。

过了经年累月,又一位国王登上巴比伦的王位,这便是波斯王居鲁士。居鲁士视但以理为心腹,对他颇为器重,超出任何一个朋友。

居鲁士敬奉巴比伦神族的最高者彼勒,每天都要敬拜他。他命人在彼勒的庙中和像前摆满祭祀用的牲畜。每天都有十二桶面粉、四十只羔羊与六桶酒。

居鲁士问但以理:“为何你不敬奉彼勒神?”

但以理答道:“我不敬奉人手所造的偶像,只敬奉统治万物的造物主。”

“哦?”居鲁士问道,“莫非你认为彼勒不是活着的神吗?你也看见了,他每天的食量和酒量多大!”

但以理笑了,说:“不要被一个青铜像迷惑了!它的腹中除了泥土,什么也没有。它也从来都是不吃不喝的。”

国王生气了,叫喊道:“你必须给我证明这一点!”

国王唤来彼勒的祭司,对他们说:“如果你们说不出是谁享用了献祭的供品,你们就要人头落地。但如果你们能证实彼勒确实能吃能喝,但以理就要丢掉性命!”

“就这样办吧,”但以理平静地说。

众人于是一同去神庙,有国王、但以理、七十名祭司以及他们的妻儿。

“把一切都安置好,”彼勒的祭司们对国王说,“准备好后,便用印有你的御玺的纸条封上所有的门。明早你再来之时,你便会发现,彼勒什么也

没有剩下！我们且出去吧。”

祭司们偷偷地笑起来。因为他们修了条秘密通道，可以经常进出神庙。祭司们出去后，国王置备好一切供品。但以理则让一名仆人带来一桶灰，撒在彼勒神像周围的地上。然后他和国王一起离开神庙，并封印了门。

到了夜里，祭司们带着家人，穿过秘密通道，进入神庙。他们大快朵颐，还把剩下的供品装进篮子带走。翌日清晨，国王带着但以理来到神庙。他问：“封印被撕破了吗？”

“没有，”但以理答道。

“把门打开！”

但以理遵命行事，国王看见了原本放置着供品的桌上空空如也。

“伟大的彼勒神啊，”他叫喊道，“你没有欺骗世人！”

但以理大笑起来，拉住国王，不让他进入神庙。“你且看地上的足迹，让人查一查，这些足迹是谁的！”

国王吃惊道：“所言即是。这些是男人、妇女和小孩的足迹！”

国王恼怒起来，因为他受了欺骗，还被蒙在了鼓里。他严惩了祭司们，从此以后对但以理更是言计听从。这惹恼了宫中许多人，他们对但以理怀恨在心。

巴比伦有一条巨龙，巴比伦人侍奉它如神灵一般。国王对但以理说：“你不可否认，它是活生生的！向它敬拜吧！”

但以理答道：“我只敬拜永生的上帝。如果你准许，我的王，我可以不动刀剑，便杀死这条龙！”

“好吧，”国王回答说。因为他很好奇，想看但以理如何办到这一点。

但以理用柏油、油脂和羊毛捏出一个大球，状如糕点。他将这球扔进巨龙喷火的嘴中。巨龙贪婪地吞下，大球爆炸，巨龙倒地而亡。

“你们都看见了吗？”但以理说，“这就是你们所敬奉的神！”

这么一来，但以理就激怒了全巴比伦的人。他们诅咒他，找到国王说：“这个但以理毁灭了彼勒神、杀死了巨龙，还残害了祭司！他如今又来嘲弄我们的神祇！把他交给我们，否则我们便杀死你和你的一家。”

国王震惊不已，和他们商谈了一整天。他试图安抚人群，并保全但以理。他不停地辩解，一直说到日落西山。但他没能说服众人。人越聚越多，最后，国王只得唤来但以理。众人将他投入狮子坑。

国王只能结结巴巴地说：“但愿你敬拜不断的上帝能救赎你！”

然后，他还得用印有御玺的封条将坑封禁。坑里有七头狮子。它们每日进食两只绵羊、两头牛。这一天，人们却特意没给它们喂食，为的是让它们吞噬但以理。

国王忧心忡忡地回到了宫廷，不吃不喝，夜不能寐。

在遥远的犹大国，有一位先知，名为哈巴谷。他正煮着饭食，将饼撕开撒到碗里，准备拿到地里田间，给为他劳作的人吃。这时他的小屋突然黑了下来。一个天使立在门口，对他说：“哈巴谷，带上你的饭食去巴比伦，带给狮子坑里的但以理！”

“带给谁？”哈巴谷问道，“我不知道狮子坑在什么地方！也没去过巴比伦！”

上帝的天使抓起他的头发，带着他风驰电掣赶到巴比伦，把他放在狮子坑边上。

哈巴谷还没回过神来，他喊道：“但以理！但以理！接着这吃食，这是上帝赐予你的！”说着便把碗扔了下去。但以理享用着来自家乡的美味黄米

粥，向上帝称谢，也向天使和哈巴谷称谢。然后他们又照原样回到了犹大国。

第七天，国王站在狮子坑边，满心是对上帝的敬畏。“但以理！”他声音悲苦地向坑里喊道，“你的上帝庇护你了吗？”

“当然，”但以理答道，“他派天使来我这里，制止了狮子张口，因为我是无辜的，我没有对你，我的王，做过任何恶事。”

国王欣喜至极，令人将但以理拉出坑。那些迫害、判决了但以理的人则被扔进了狮子坑，丧生于狮口。

（《但以理书》1.1—14.42）

约　拿

Jona

摩西的母亲那时将埃及的芦苇舟当作篮筐，把她儿子放在篮筐里送走。千百年间，船只的构造越来越现代化。海员们用松树的树干制成船只，帆船工和制绳工用矩形的帆布装备船只。有了帆布，借助风力，配上两到五名壮汉，船只便可以沿着海岸前行。

过去，船只的舱壁高大，载满重负，吃水很深，一遇风暴，便容易翻船，甚至下沉。如果船员敢进入海洋远处，能帮助他们航行的就只有太阳、月亮和星星。那时还没有指南针，也没有六分仪。这样，我们就很容易理解海员在风暴中对死亡的恐惧感，也许还能理解他们默认的准则，即为了集体，个人可以为他人牺牲自己的性命。

《圣经》故事一再讲到献祭。亚当和夏娃刚被逐出天国，他们的子嗣就在为那第一出悲剧准备献祭之火了：祭品有时是羊羔，有时又是田野里的果实。献祭是为了平息上帝的怒火，或是作为对救赎的祈求。那么，是不是祭品越血腥，祈祷就越有效果？

在摩西时代，用人来献祭还是寻常之事。他禁止以色列的子嗣们用儿童来为摩洛神献祭。在亚伯拉罕和以撒的故事中，我们也可以明白：上帝清楚地显示出，他和那个吞噬儿童、野蛮而嗜杀成性的摩洛神有多么不同。

在约拿的故事中，对用人来献祭的古老信仰还是活生生的。而约拿并没有反抗。但上帝无可怀疑地昭示：我不要这样！针对这一点，最为鲜明的图像

还是大鱼，它将人重新吐了出来，让人继续存活。

关于约拿的身世，人们所知甚少，知道的只有他的名字和出身：他是亚米太的儿子，是以色列国的先知，也就是一个普普通通的人。有一天，上帝的话语在他耳旁响起："启程上路。去那座大城市尼尼微，告诉那里的居民，他们所做的坏事我都已经知晓了！"

约拿启程上路，但是并没有去尼尼微。他只是众多位低权轻的先知之一，还不够勇敢。他害怕一个人去尼尼微布道。于是他就逃了。他想逃得越远越好。他逃避上帝，到了约帕。在那儿他发现一只船要去西班牙的他施，这正合他意。他按照船长的要求如数付了钱后，便踏上了这艘满载重物的船只。没多久，船便入了海。

当他们看不见陆地之时，上帝在海上刮起一阵风暴，电闪雷鸣。船只面临被大浪击碎的险境。海员都惧怕起来，每一个人都向着自己的神祇祈祷，哀求救赎。他们把货物扔进海里，想让船吃水浅些。但约拿却立刻跑到底舱，躺在床上睡下。

船长下到底舱，问约拿说："外面正风暴大作，你如何能入睡呢？起来，向你的神祷告，也许他能拯救我们逃出生天！"

海员们互相说："来吧，我们抽签，看看到底是谁害得我们遭罪！"

他们抽了签，结果抽中的是约拿。众人疑虑万分，质问约拿："你开口告诉我们，为何我们的处境如此艰难？你犯了什么事？你从何处来？你做哪一行？你是哪一族的人？"

约拿回答说："我是希伯来人，敬畏那苍天和大地之上，还创造了汪洋的上帝。"

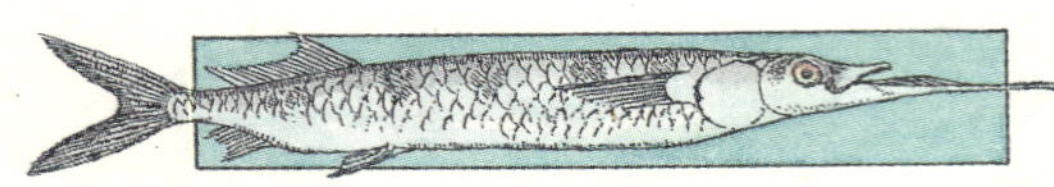

众人惊惧不已，因为约拿早告诉过他们，他从他的神那里逃了出来。众人忧心忡忡，问道："我们该怎样处置你，才能让海面恢复风平浪静？"

这时狂风愈加猛烈，海浪愈加翻腾。

"把我抓起来，"约拿说，"再把我扔进大海，这样便平安无事了。我知道，这场风暴因我而起，还连累了你们。"

众人沉默下来。他们并不想将约拿扔进大海，看着他溺死。他们再次坐在船板上，竭力划桨，想要靠近陆地。但一切努力都是枉费。风暴和海浪无情地击打着他们。他们便喊叫说："上帝啊，不要因这人的罪孽使我们灭亡。不要将我们不得已对他做出的行径算作我们的罪孽！"

然后他们将约拿抬起，扔进大海。海面立刻如镜面般平静。这些海员对上帝大为敬畏，便向上帝献祭，求得他的宽恕。

上帝遣来一条大鱼，一口吞了约拿。约拿在鱼腹中度过了三天三夜，向上帝祷告说："我从深渊呼唤你，你给我答话。你听得到我的声音。你将我投掷进大海，你的全部海浪催打在我身上。我深恐你摈弃了我。但是当我从灵魂深处开始灰心丧气之时，我记起了你。我向你祈祷，我确信，我主会来救助我！"

上帝便发令给大鱼，大鱼将约拿吐出口，送到岸边。约拿浑身湿透，昏昏沉沉地站在一处陌生的海岸上。他刚经历了一次重生。

上帝在那里候着他。上帝的声音第二次在约拿耳边响起："启程上路！去那座大城市尼尼微。告诉人们我所说的！"

约拿便上了路，终于到了尼尼微。尼尼微果真极大，要穿过这座城，要走上三天。有一天，约拿进了城，到处宣讲说："四十天后，尼尼微便会倾覆！”

尼尼微人立刻相信了约拿所言，开始禁食并身穿麻衣，男女老幼皆无例外。国王闻听此言，走下王座，褪下金银玉石，也身披麻衣，坐在灰烬中。然后，他派人传旨，令所有人与牲畜都要禁食禁水，人们都要身着麻衣，衷心祈祷。

“所有人都要远离恶道，开始洗心革面！无人知晓，这样做上帝会不会就会收回他原来的旨意，也许这能平息他的怒火。也许我们能得以拯救。”

上帝看见尼尼微人远离了恶行，便更改了他的心意，没有降灾祸于他们。

约拿却大大地不悦，他抱怨道：“上帝啊，为何你要将我赶出我的住所？为何你让我从你面前逃脱，落进海中，又被大鱼吞吃？这一切都是虚无！我知道，你仁慈，好施恩。但是现在，请你拿去我的灵魂，因为我已经不想再苟活于世上。”

上帝则回答说：“你以为，你这样向我发怒是合乎情理的吗？”

约拿便一言不发。他如往常一样倔强，将行李打了包，便离开了尼尼微城，住在城的东边。他在那里为自己搭了一座棚，然后坐在棚荫下，要看看尼尼微城到底会如何。

上帝却在他面前种了一棵蓖麻树，令它越长越高，使约拿免受日晒的苦。约拿有了这棵树，便少吃了许多苦头。

可是第二日，当太阳升起时，上帝派来一只虫，吃了树的根，蓖麻树渐渐枯萎。上帝又送来一阵炎热干燥的东风，当太阳完全升上天空之时，日头曝晒，约拿头晕脑涨。他再次求死，悲叹道：“我不想再苟活于世。但愿能速死！”

上帝再问约拿：“莫非你以

为，就凭这棵树便对我大发雷霆是合乎情理的吗？”

约拿固执地答道：“当然，我生气、求死完全合乎情理！”

“为了一棵树你便悲伤，这棵树不是你栽种的，它一夜间便成长起来，一夜间便枯萎下去。那么我难道不能爱惜尼尼微这大城中的数万百姓，男人、妇女、尚不能辨左右的儿童，还有那许多牲畜吗？”

约拿于是无话可说，羞愧不已。因为他听出了上帝言语中的智慧。

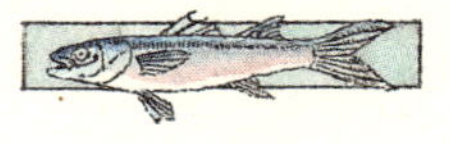

（《约拿书》1.1—4.11）

Die Psalmen

诗 篇

《诗篇》是古代对上帝的祷告之言。《诗篇》中共收录了 150 篇诗作，这个总集的名称就能透露出它的特色来："Psalmen"这个词来源于希腊语，本意是指一种弦乐器，人们一边弹奏乐器一边歌唱诗篇。有些诗篇被简单地叫作"雅歌"，其他的诗篇则是颂歌、赞美歌、怨歌或感恩歌等。大卫王作了不少诗篇，底波拉作过胜利歌，还有许多诗篇出自更古老的时代。所有的诗篇都展现了犹太诗歌的丰富之美与力量。通过基督教堂的礼拜仪式以及全世界的文学和音乐，犹太诗歌的这种美和力量得以传承。

第一篇

两条道路

不要听从恶人的计谋，不要站在罪人的道路上，不要坐在嘲弄者的座位上。而要遵从神的指示，昼思夜想。他就如一棵树，栽种在溪水旁，按时结出果实，叶子也不枯萎。他做的一切事，都顺利无碍。恶人则并非如此：他们如糠秕一般，被风一吹即散。因此恶人在审判来临之时一定站立不住。罪人处在义人群中，也会如此。因为上帝知晓义人的道路，恶人的道路却必然走向灭亡。 

第二篇

救世主之歌

民众缘何喧嚣？各族为何制订虚妄之计？大地上的万王一同起来，大人物们一起商议，反对上帝和他的受膏者。

“让我们挣脱他的枷锁，去掉他的绳索！”但上帝只是坐在天上发笑，嘲弄他们。然后上帝在怒火中责备他们，在盛怒中惊吓他们：“我已在锡安圣山上立起我的国君。”我愿传达圣旨。他对我言：“你是我的儿子。今日我造了你。若你要求，我便传大地于你为基业，将大地之极赐予你当财产。你将用铁杖击碎他们，你将如瓦器一般摔碎他们。”如今，你们这些君王醒悟吧，接受警告，你们这些大地的主宰者！在战栗中服侍上帝，带着谦卑亲吻他的脚，使他不至发怒，不使你们落入深渊。他的怒气即将发作。凡是信仰上帝之人，必是有福之人！

第二十二篇

义人的苦痛与希望

我的上帝，我的上帝，为何你弃我而去，为何远离我，不闻听我的哀号？我的上帝，我每日呼求，但得不到你的答信；我每夜呼求，不得安宁。但你是神圣的，以色列的赞美是你的宝座。我们的先人倚靠你，你便救赎他们。他们呼唤你，便能得救。他们倚靠你，便不蒙羞。我只是尘世间一条虫，连人都不算。被众人嘲弄，受族人蔑视。所有见我的人都耻笑我，他们撇嘴，摇头说："他把自己交付于上帝，便让上帝来拯救他！上帝宠爱他，便让上帝搭救他。"

是你把我从娘胎中拉扯出来，让我倚靠在母亲怀中。从出生伊始，我便被交付于你，从母胎开始，你便是我的上帝。不要远离我，因为困苦来临，却无人助我。许多头公牛围着我，这些来自巴珊的公牛困着我。它们张牙舞爪，仿佛嘶吼的群狮。我像水被倒了出来，全身的关节都散了架。我的心在身体中融化，就像蜡烛那般。我的咽喉干燥，如同瓦片。我的舌头紧贴在牙床之上，你置我于死亡的尘土中。许多犬围住我，一伙恶人困住我。他们扎了我的手脚，我的骨头都被一一数过。他们瞪眼看着我，分走我的衣服，沾染我的长袍。可是你，我的主啊，不要远离我！你是我的坚强所在，快来救助我！拯救我的生命于刀剑之下，带我脱离这犬类的暴力！在狮子的肆虐中救赎我，带我这可怜人逃离这公牛的角！

我会将你的名传给我的兄弟，我在集会上会赞美你。惧怕上帝的人，你们要赞美他！雅各的后人们，你们要荣耀他！以色列的子嗣们，你们要畏惧他！因为他不蔑视可怜人的悲苦。他没有在可怜人面前遮掩自己。他聆听可怜人的疾苦。我在集会中赞誉你的忠诚；在敬主者的面前，我还我的愿。可怜人必能吃饱喝足；追寻他的人，必将赞美他。愿你们的心永远存活。

大地的极端都会想念并归顺上帝：万族都要向他敬拜。因为上帝才是君王，他统治万民。唯有在他面前，世间霸主才会臣服，大地上的万物都要敬拜他。"我的灵魂为上帝而生，我的族裔为他服侍。"上帝的行事必传与后代，因为是他做了这一切。

第二十三篇

善良的牧人

上帝是我的牧者，我无所缺乏。他使我躺在青草地上，引导我到水边安歇。他满足我的欲求，以自己的名带我走上正路。即使我须走过黑黝黝的深谷，我也无所畏惧，因为你与我同在，你的杖、你的竿，都带给我慰藉。

在我仇敌的眼前，你为我摆桌设宴。你以油脂涂抹我的头，又替我斟满酒杯。恩惠慈爱将伴我一生，在上帝的房内，我能住到永生永世。

第八十四篇

朝圣之歌

你的住所多么可爱，万军之主！我的灵魂渴慕神的神庙。我的身心冲着他，永生的上帝，欢呼。麻雀也能找到自己的巢穴，燕子也能为雏鸟建起窝——这便是你的祭坛，万军之主，我的主，我的王。

住在你的居所之人，便是有福，他们时时赞美你。踏上朝圣之途、在你那里找到力量的人，便是有福之人。他们穿过绝望谷，此谷便会化为甘泉之地，细雨绵绵，将福祉洒满谷中。他们身上便徒增了许多力气，继续前行。而后便看见了锡安山上的上帝。万军之主，请听我的祈祷，雅各的神啊，请你留心听！

上帝啊，看我们的盾牌，看从属于你的受膏者的面容！在你的圣处住上一日，要胜过在别处住上千日。宁愿站立在我主庙宇的门口，也不愿住进恶徒的帐篷。因为我主上帝便是阳光，便是盾牌。他赐恩施惠。对那些正直者，他不吝啬一样好处。万军之主，信仰你的人，便是有福之人！

第九十篇

生命的转瞬即逝

主啊，你世世代代都是我们的庇护之所。山岳、大地、世界未成之前，你便是永恒之本。你使人归于尘土，说："归来吧，人！"

逝去的千年，对你只不过是昨日翻过的一页，又如夜晚的一更。年复一年，你播下了人的种子，仿佛抽芽的青草一般。清晨，它发芽、成长，夜间，它被割下、干枯。

我们在你的怒火中消逝，在你的恼火中毁灭。你将我们的罪孽摆在你面前，将我们隐匿的罪责置于你面庞的光辉之中。

我们的日日夜夜，都在你的怒火中流过。生命弥留之际，我们发出一声叹息。生命暂且长为七十周年，若身强力壮，也许可得八十高龄。然而生命的精华，也不过是劳苦艰辛，并且它转瞬即逝。谁能丈量你的怒气？谁不惧怕你的恼怒？教给我们如何计算我们存活的时数！如此我们才得智慧的心。

神啊，求你转向我们！求你怜悯你的仆人们！求你早早使我们饱得你的慈爱，好叫我们一生一世欢呼喜乐。

我们遭罪多久，便求你赐予我们同样多的年数，以使我们平安喜乐。将你的威力指给我、你的仆人和他们的子嗣看！我们的头上便是我们主、我们神的荣耀。愿我们手中的劳作蓬勃兴盛，我们手中的劳作，愿你蓬勃兴盛！

第一百零四篇

造物的荣耀

我的心啊，你要赞美主！主啊，我的上帝，你多么伟大！你以崇高、壮美为衣装，你身披光亮，你铺张穹苍，如同帐篷。你住所的栋梁，在水中矗立。你的坐骑，便是云彩。你借着风暴的羽翼前行。

风便是你的使者，火焰便是你的仆役。你为大地打下根基，它便永不动摇。

洪水曾经遮盖大地，仿佛大地穿上了衣裳。山岳淹没在水泽之中。你发出斥责，它们便后退三舍，你发出雷霆，它们便奔逃而去。

你规定之处，山岳无不上升，山谷无不下沉。你为大水定下边界，它不能越过这界限，大水便再也不能倾覆大地。

你使山泉在山谷间奔涌，它们在群山之间急速穿越。地上的百兽便有水喝，野驴便不再口渴。群鸟歇息在天国之翼，树间枝头，只闻它们鸣叫不止。

你从楼阁中浇灌群山，你从云间使大地饱饮。你令青草生长，为牲畜所食，你令蔬果生长，为人所食。人便从这里获得食物和饮酒。得酒能悦人心，得油能润人面，得粮能养人心。上帝栽种的树木，即黎巴嫩的香柏树，周身浆汁满流。群鸟在其枝上栖息，而鹤则以松柏为巢。高山成了山羊的居所，沙番则藏身于岩石。你让月亮划分时节，而太阳则自知，何时该沉落。你造黑暗为夜，百兽便从林中跳跃而出。幼狮吼叫，向上帝索求食物。太阳一出，百兽便缩回洞中。人便出来劳作，直至夜晚。

神啊，你的造物何其丰富！所有这些，均是出自你的智慧。大地遍布你的造物。那便是海，又大又宽，其中动物无数，大大小小均在其间。千帆行驶向那里，你所造的鳄鱼，也在其间戏耍。

他们都等待着你，等你按时赐予他们食物。你若给他们，他们便拾起来，你若张开双手，他们便得饱食。

你若掩面，他们便惊惶不已。你若夺走他们的气息，他们便消逝于尘土。你若散出你的灵，他们便得造化，你使大地焕然一新。愿主的荣耀永存不朽，愿主为自己的造物而喜悦。他俯视大地，大地便震颤，他伸手抚山，山便冒烟。

我存活之际，便要向主歌唱，我弥留之时，便要向主称赞。愿我的诗作呈现给主，我要为我主的存在而欢喜。愿罪孽之人从世上消失，愿邪恶之人不再有。我的灵魂啊，赞美我主吧！哈利路亚！

第一百零七篇

上帝救助人于一切灾祸之中

你们要称谢神，因为他为善，因为他的慈爱永存。受神救赎之人，神从敌手中救出之人，都应向神称谢。因为神将他们从各国招来，从东到西，从北至南。

他们在旷野中迷失，找不到可住的城邦。他们又饥又渴，心中发慌。困苦之中，他们呼唤上帝，求他搭救他们于恐惧之中，求他指引他们走上正路，求他引导他们到可住之城：

他们都要向神称谢，为他的慈爱，为他对人所行的奇事，因为他使渴慕的灵魂得以知足，使饥渴的灵魂得以饱食。

坐在黑暗中的人，困于困苦和铁链，因为他们违背上帝之言，蔑视至高无上者的旨意。他便用劳苦使他们折服。他们跌倒，却无人扶助。困苦之中，他们便呼唤上帝，求他搭救他们于恐惧之中，求他引导他们走出黑暗，打破他们的枷锁。他们都应向神称谢，为他的慈爱，为他对人所行的奇事，因为他打破了铜门，砍断了铁闩。

愚妄之人，在过失与罪孽之中受苦，他们厌恶所有食物，便接近了死亡之门。困苦之中，他们便呼唤上帝，求他搭救他们于恐惧之中，他发命医治他们，带他们脱离死亡。他们都应向神称谢，为他的慈爱，为他对人所行的奇事。

他们应为他献上祭祀以表谢意，他们应为他的作为欢呼。乘船行在海上、在大水中行商之人，惊异于神的作为、神在深海中所施的奇事。上帝一吩咐，狂风便兴起，并扬起海中波浪。时而狂飙升天，时而沉潜入海，他们的灵魂便在这困境中倍感煎熬，如醉酒者摇摇晃晃、无计可施。困苦之中，他们便呼唤上帝，求他搭救他们于恐惧之中。他便化狂风为轻抚，海面便风平浪静。他们欢喜，被他引导至所期望的港口。他们都应向神称谢，为他的慈爱，为他对人所行的奇事。

他们应在民众聚会中尊崇上帝，在长者圈中赞美上帝。他使江河化为旷野，使甘泉变为干涸之地，将肥沃之土化为盐碱之境，因为那里的居民罪恶多多。他使荒野化为水泽、将旱地变成甘泉，将饥寒之人安置在此，他们便建成可居之城、开辟田地、栽种葡萄、获得食粮。他赐福于他们，让他们生育众多，并加以更多牲畜。然而他们又减少人数，受苦受难。他使君主蒙羞，漂流在荒废无路之地，穷苦人却被他安置在高处，脱离了苦难，家属多如畜群。正直者看见这些，便欢喜不已，恶人却塞口无言。智慧之人，必定留心这些事情，也必定思索我主之爱。

第一百三十篇
自深渊之中

我自深渊之中呼唤你，我的神：神啊，求你倾听我的声音！求你侧耳听我的话语！神啊，若你观察我们的罪孽，有谁能逃得了呢？但你赐予我们宽恕，我们便敬畏你。我期冀于神，我的灵魂也在期待，我信心满满，等待他的话语。我的灵魂等待着神，更胜于守夜人等候黎明的到来。以色列人坚守上帝之望，更胜于守夜人期待黎明的到来。因为神慈爱、有丰盛的救赎。没错，他必将救赎以色列于一切罪孽之中。

第一百三十二篇
怀念立约之时

哦，主啊，求你纪念大卫向主，雅各的神起誓的一切努力：

“在为我主，雅各的神寻到居所之前，我不愿进入帐篷、躺上卧榻，也不愿闭目合眼。”

我们听说约柜在以法他，在基列耶琳便寻得了它。让我进入他的居所，在他的脚蹬前下跪！求你起来，我的主，和你强大的约柜一起，来到安息之所！

你的祭司当披上公正，你的信者当欢呼。大卫是你的仆役，不要厌弃你的受膏者！主向大卫起了必不会违背的誓言：“你的子嗣，我必让他坐在你的王位上。若你的子嗣遵守我的约，及我所教训的法度，他们的子孙，也必永居于你的宝座之上。”

主选择了锡安山作为居所:“这里便是我的居所,我愿永远居住在此。我要使锡安山的食物丰美,使这里的穷苦人饱食。我要使这里的祭司披上恩泽,让信者大声欢呼。我要增强大卫的权势,为我的受膏者预备明灯。我要让他的仇敌蒙羞,而让他的王座披上光辉。”

第一百三十九篇

崇敬全知的上帝

主啊,你已审视我,你已了解我。我的一言一行,都为你所知。我的所思,你从远方便已知晓。我行路、躺卧,你都洞察。我的道路,都为你深知。

我的话,还未出口,我的主啊,你便知晓。你从四面八方环绕着我,将手按在我的手上。这些知识,对我过于奇妙,这知识之高,我不能理解。在你的灵面前,我向何处逃避?在你的面容之前,我向何处躲藏?我若登上天国,便在那里寻得你。我若降下地府,也在那里寻得到你。我若乘上清晨的羽翼,飞到海的极端,你的左手也会在那里引导我,你的右手也会扶持我。我若说:“黑暗将遮蔽我,没有光明,夜晚将包围我。”在你面前,黑暗也不再为黑暗,夜晚也将化为白昼。我的内在,均为你所造,我在母胎中,已得你的庇护。

我要向你称谢,因为你将我造化得如此奇妙。我深知:你的造物应受赞叹。我在黑暗中受造,在地的深处被联结,你却明知我的形体。你的眼看到我的形成,你的书中已收录所有。我的时日,在尚未度过之前,已被确立。上帝啊,你的思想,对我何其艰深,其数何其众多!我若计算其数,必比沙粒更多。我走到尽头，也仍与你同在。上帝啊，你要杀戮恶人！嗜好人血的恶人，离我远去吧！

他们恶言顶撞你，妄称你的名讳。神啊，那些憎恶你的人，我不该憎恶他们吗？那些攻击你的人，我岂能不嫌恶他们吗？我对他们的恨意炽热如火，他们已成我的仇敌。审查我吧，上帝，了解我的心，考验我吧，知晓我的所思！看我有什么恶行，引导我走永生之路！

第一百四十六篇

称颂救赎之主

哈利路亚！我的灵魂啊，赞美我主吧！我存活之际，便要向神歌唱，我弥留之时，便要向神称赞。

不要倚靠在君主身上，不要倚靠在人身上，在他们那里，你寻不到救助。人一歇气，他便魂归尘土，他的一切算计，也便归于虚无。

以雅各的神为帮助的、倚靠神之人，便为有福之人。

神造了天空、大地、海洋和一切造物，他守诚实，直到永远。他解放被压迫之人，赐食粮予饥饿之人，解救被囚之人。他让盲人重见光明，让被压迫之人挺起腰身。他庇护外来之人，救助寡妇和孤儿。他喜爱义人，却引导恶人走向歧途。

神是永恒之王，锡安山啊，你的上帝要永远称王，世世代代。哈利路亚！

第一百四十八篇

赞颂宇宙

哈利路亚！你们要称颂天国之主，要在高处赞美他：他的众天使都要赞美他，他的众军都要赞美他。太阳与月亮，也要赞美他。闪光的群星，也要赞美他。天空、水泽，你们都要赞美他！

他们都要赞美神的名，因为他一吩咐，他们便得造化。他将这些确立，直到永远。他为他们定出法则，永远必须遵守。

你们都来称颂神吧，大地上、海洋中、深渊处的一切造物，火焰和冰雹，雪和雾气，成就他所言的狂风，大山和小山，果木和一切香柏树，野兽和一切牲畜，昆虫和飞鸟，地上的君王和万民，诸侯和地上的一切法官，少年和少女，老年人和青年人，你们都来赞颂吧！

愿他们称颂神的名，因为唯有他的名被尊崇。他的荣光照耀于天地之上。他赐予力量给他的百姓，对他的信徒、对以色列的孩童、对能亲近他的民众，这是无上的光荣。哈利路亚！

（《诗篇》1.1—150.6）

词汇表

“圣经”(Bibel)一词要比《圣经》历史短得多。“圣经”一词源于中世纪拉丁语,最初则是来自希腊文 biblia,意为“很多书”,和纸莎草(Papyros)一词也有联系。纸莎草是指古埃及人用一种水生植物做成的书写用具,后来被出口到希腊,并逐渐取代了蜡制书写板。

“圣经”一词本身就已经说明了文化间的紧密联系,从这些文化中便产生出了这本“万书之书”。这些文化间的紧密联系得到了历史的证实。在希伯来人的日常用语被固定为一种书面语,即阿拉米语时,就产生了《圣经》文本的第一部分,并被称为《旧约》。

“旧约”一词意为“旧的约定”,它包含了所有从犹太人的宗教中传承下来的文字。《旧约》向欧洲的传播开始于公元前 3 世纪的法罗斯岛的亚历山大城。在那里,七十名来自耶路撒冷的长老应托勒密国王的请求,将希伯来文的《摩西五经》译成希腊文。由于为七十名长老所译,他们的译作也被称作《七十士译本圣经》。

《摩西五经》是希腊文对摩西的五本经书的称呼,这五本经书中记载着“托拉”,意为“法则”或“指令”。据猜测,将希伯来文的经典译为希腊文,对于希腊化了的犹太人来说至为重要,因为这样他们便能将《旧约》传承下去。

同样的情况也适用于后来《圣经》的拉丁文译本,尤其是公元 4 世纪的《通俗拉丁译本圣经》。差不多是在同时代,《圣经》也被翻译为日耳曼语,译者是乌尔非拉主教,他为了翻译《圣经》,还发明了哥特文。

接下来,对《旧约》中出现的最重要的人名、地名、概念等加以略述。

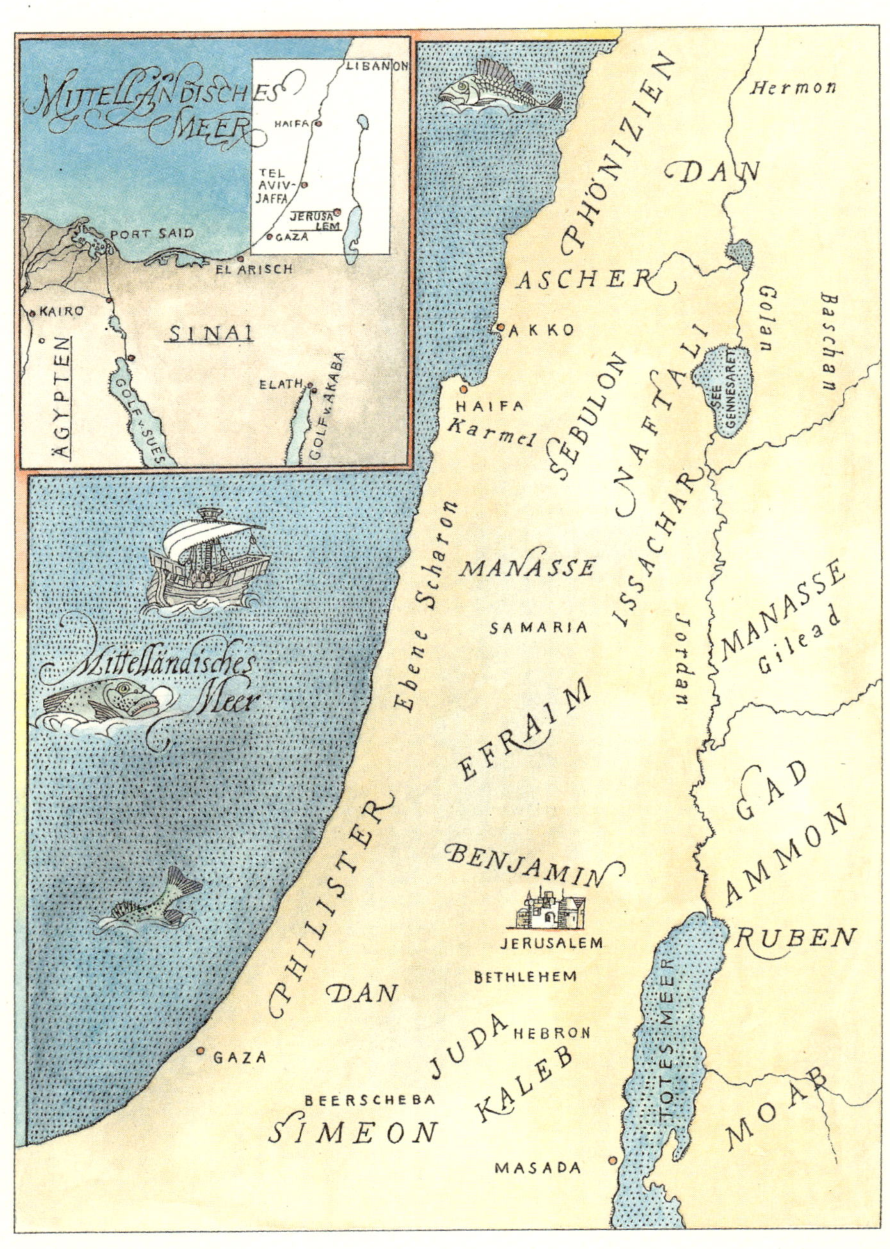

Mittelländisches Meer
LIBANON
HAIFA
TEL AVIV-JAFFA
JERUSALEM
GAZA
PORT SAID
EL ARISCH
KAIRO
SINAI
ÄGYPTEN
ELATH
GOLF v. SUES
GOLF v. AKABA
PHÖNIZIEN
Hermon
DAN
ASCHER
AKKO
HAIFA
Karmel
SEBULON
NAFTALI
SEE GENNESARET
Golan
Baschan
ISSACHAR
Ebene Scharon
MANASSE
SAMARIA
Jordan
MANASSE
Gilead
EFRAIM
GAD
PHILISTER
BENJAMIN
AMMON
JERUSALEM
RUBEN
BETHLEHEM
DAN
HEBRON
JUDA
GAZA
KALEB
TOTES MEER
BEERSCHEBA
SIMEON
MOAB
MASADA
Mittelländisches Meer

亚伦 (Aaron) ——摩西的兄弟,在西奈山被上帝任命为以色列人的首位祭司。

亚伯尼歌 (Abed-Nego) ——人名,是亚撒利雅在巴比伦宫殿中获得的名字,他是先知但以理的朋友。

亚伯 (Abel) ——亚当和夏娃的次子,后为其兄长该隐杀死。

西方 (Abendland, Okzient) ——是东方的反义词,指的是欧洲大陆的西部。这一称呼来自远古时期对欧洲西部的理解,Abendland 的字面意思就是太阳落下的地方。

亚比该 (Abigajil) ——拿八的妻子,在他死后改嫁大卫。

亚伯拉罕 (Abraham, Abram) ——是亚伯兰从上帝那儿得到的荣誉名字。他拉的儿子,以色列人的第一位祖先。

亚吉奥 (Achior) ——亚扪人的将军,后为何乐弗尼放逐到以色列人面前。

亚当 (Adam) ——上帝造的第一个人,其名字来源于希伯来语的 adama,意为“农田”。

亚达月 (Adar) ——犹太历的第十二个月。犹太历一年为 353 或 355 天,分为 29 或 30 天的十二个月。在成为巴比伦之囚之前,犹太历中的各个月份尚无具体名称。在成为巴比伦之囚之后,犹太人学会了巴比伦人的历法,并据此对自己的历法进行了改革,让一年从春天开始,在三四月之间是第一个月:尼散月 (Nisan)。随后分别是:第二个月以珥月 (Ijjar)、第三个月西弯月 (Siwan)、第四个月塔模斯月 (Tammus)、第五个月埃波月 (Ab)、第六个月以禄月 (Elul)、第七个月提斯利月 (Tischri)、第八个月玛西班月 (Marcheschwan)、第九个月基斯流月 (Kislew)、第十个月提别月 (Tebet)、第十一个月细罢特月 (Schebat) 和第十二个月亚达月。亚达月一般在公历的 2 月或 3 月间。

亚哈 (Ahab) ——以色列国王 (公元前 871—852 年),耶洗别的丈夫。

亚扪人 (Ammoniter) ——西奈半岛北部的游牧民族,在以色列国早期经常与其交战,最终臣服于大卫。

苹果 (Apfel) ——是天堂中的水果。但在《旧约》中从未提到过苹果,只说过伊甸园里树上的果实。之所以后来被人称为苹果,或许是翻译错误的缘故。在拉丁文版的《圣经》,即《通俗版圣经》(*Vulgata*)中,提到过能分别善恶的树木。邪恶在拉丁文中是 malus,而苹果则是 pyrus malus,二者写法相近,因此可能被后人混淆了。另一说法认为,苹果的丰满会让人想起造物的完美,它的甜美会让人想起上帝的仁慈,而其浑圆的外形会让人想起没有起点、终结的永恒。

亚兰人 (Aram, Aramäer) ——闪米特人的游牧民族,其先祖是亚兰,闪的第五子。

亚拉腊山 (Ararat) ——山地名称,诺亚方舟在大洪水中曾到过这里。后来成了土耳其东部一座山的名称。

方舟 (Arche) ——诺亚带着家人,并在其中放入每种动物各一对,从而逃过了大洪水的洗劫。

阿法扎得 (Arphaxad) ——玛代的国王,与尼布甲尼撒爆发战争。

亚哈随鲁王 (Artaxerxes) ——波斯国王(公元前465—424年)。在他任内,犹太宗教势力重新在巴勒斯坦建立。根据《以斯帖记》,他与瓦实提离婚后和以斯帖成婚。

亚撒利雅 (Asarja) ——参见"亚伯尼歌"词条,先知但以理的朋友。

阿撒泻勒 (Asasel) ——沙漠中的魔鬼,参见"替罪羊"。

亚设 (Ascher) ——雅各与利亚的女仆悉帕的儿子。

亚述 (Assyrien, Assyrer) ——底格里斯河上游的国家,在今天伊拉克北部。在公元前10世纪至6世纪,亚述人建立起两河流域一个强大的帝国,因其凶残的强权政治而受到广泛的仇恨。该帝国终结于公元前6世纪。

巴力神 (Baal, 复数是 Baalim) ——这个词的本意是"主人"或者"占有者",指的是叙利亚和巴勒斯坦的一种神。巴力神住在神泉、神木、神山边上，一般被人们描述为动物形态，是雷电之神，主管果实和牲畜的繁衍成熟。从巴力神的一个别名，巴力—泽布尔 (Baal–Zebubl，敬畏者) 中，后来衍生出了巴力—泽布伯 (Baal–Zebub，苍蝇之神) 或者贝尔—泽布伯 (Beel–Zebub)，这是魔鬼的另一个名字。

巴别，巴比伦 (Babel，Babylon)——意为“上帝的小径”。巴别城自大约公元前2世纪起，就是幼发拉底河流域重要的政治和文化中心。巴比伦这个词是古希腊罗马对巴别的称呼。

巴比伦国 (Babylonien)——两河流域南部地区。

巴拉 (Barak)——拿弗他利部族的以色列军首领。在士师底波拉的委托下率军战胜了迦南王耶宾的将军西西拉。

巴珊 (Bashan)——即今天的戈兰高地，位于革尼撒勒东部，意为“成熟”。

拔士巴 (Batseba)——乌利亚的妻子，在其死后成为大卫的妻子，所罗门之母。

贝尔—泽布伯 (Beel-Zebub)——参见“巴力神”。

别士巴 (Beerscheba)——位于以色列南部，是进入南地沙漠的大门。这里最早的人类居住遗迹出现在公元前4000年左右。在希伯来语中，这个名字的意思是“以撒的七口井”、“盟誓之井”。在《旧约》中，别士巴多次和犹太人的远祖们产生联系，据说在这里居住过以撒和雅各，而亚伯拉罕则给它起了这个名字。

比蒙 (Behemot)——一种巨兽，与犀牛近似。在《约伯记》中这样写道：“这是上帝之路开始之处的巨兽，[……]它性情镇定，从不胆怯，即便洪水迎面扑来也绝不慌张。”

比勒 (Bel)——巴别城之神。它从巴别城中获得了力量和强大，后成为整个巴比伦之神。一般用七级塔祭奠，该塔应为巴别塔原型。

伯沙撒 (Belsazar)——巴比伦之王，尼布甲尼撒之子。

便雅悯 (Benjamin)——雅各的第十二子，拉结的次子，约瑟的弟弟，参见词条“以色列”。

伯利恒 (Bethlehem)——约旦河西岸的城市，位于耶路撒冷的南部，犹大支派的聚居地，大卫的故乡。在《旧约》中它首次出现在关于雅各妻子拉结的葬礼那一段。据传伯利恒还是弥赛亚，即大卫后人拯救世人的地方。

伯夙利亚 (Betulia)——以色列地名，仅出现在《犹滴记》中。在故事中伯夙利亚由于地理位置的原因，成了决定以色列人命运的关键地点：一旦敌人突破了伯夙利亚的险隘，整个犹太民族和耶路撒冷都将暴露在危险之中。正因如此，故事中的何乐弗尼率大军包围此城，不料却被犹滴成功地刺死。

比勒达 (Bildad)——约伯的朋友。

波阿斯 (Boas)——伯利恒当地一位富有的地主，犹大支派，路得的丈夫。他被认为是大卫的远祖。

迦勒底人 (Chaldäer)——闪米特人亚兰人的一支，于公元前900年前后强大起来，开始进逼巴比伦，后来在尼布甲尼撒的率领下获得了巴比伦的统治权，建立起新巴比伦王朝。后来，迦勒底人被人们等同于巴比伦人。

基路伯 (Cherub)——参见“天使”。

基督 (Christus)——参见“弥赛亚”。

但 (Dan)——雅各与妻子拉结的女仆辟拉所生的儿子，以色列支派。后来在耶路撒冷以西定居时受到非利士人的压迫，被迫迁走，最后在约旦河上游定居。参见“以色列”。

但以理 (Daniel)——犹大支派的先知，后为尼布甲尼撒挟持至巴比伦。

大利乌 (Darius)——玛代的国王。据《旧约》，大利乌继伯沙撒之后继任巴比伦王。

大卫 (David)——伯利恒的耶西之子，扫罗的后任，所罗门之父，是以色列历史上最重要的国王。

底波拉 (Debora)——以色列的女士师和女先知。

大利拉 (Delila)——参孙的情人,后将他的秘密出卖给非利士人。

流散 (Diaspora)——是希腊语中对犹太人散居在西方各地的专门称谓。

底拿 (Dina)——雅各与利亚的女儿。

伊甸园 (Eden)——参见“天堂”。

以东人 (Edom, Edomiter)——以色列人的近邻,居住于死海东南部。

以法莲 (Efraim)——约瑟的幼子。

以法他 (Efrata)——参见“伯利恒”。

以利以谢 (Eliëser)——1.亚伯拉罕的仆人;2.摩西的次子。

以利法 (Elifas)——约伯在提幔的朋友。

以利户 (Elihu)——约伯的朋友。

以利亚 (Elija)——先知,在以色列国反对国王亚哈及其王后耶洗别。

以琳 (Elim)——有十二个泉眼和七棵棕榈树的绿洲,具体位置已不可考。是以色列人逃往埃及途中经过的休憩之地。

以利米勒 (Elimelech)——拿俄美的丈夫,路得和俄珥巴的公公。

以利沙 (Elischa)——先知以利亚的继任者。

天使 (Engel)——这个词源于拉丁语的angelus,而angelus又源于对希伯来语“信使”(malak)一词的翻译。天使指的是一种超人类的存在,在上帝和人类之间传递信息。它们没有性别之分,也不会死亡。它们掌握着对于人类来说难以理解的知识,能够在一瞬间到达天涯海角。也许正因如此,人们认为它们应该具有翅膀。根据《约伯记》,天使是上帝身边的臣仆。与上帝最近的是七只大天使,其中四只名叫米迦勒、拉斐尔、加百列和乌列尔。它们比别的天使,如基路伯和撒拉弗等位阶更高。基路伯有六个翅膀,守护着天国中的生命之树。天使是传递上帝拯救和指路信息的信使,是人类的保护者之一。

上帝的天使 (Engel Gottes)——是一种经常出现在人类中的天使，从来不与其他天使同伍。上帝的天使经常被认为是男性的，在他向人类说话时，人们往往难以分清他与上帝的区别。对于人类，他就是一个谜。也许耶和华曾以这种形象将自己展示给一些犹太人，因为没人能够看见神性的他。有人认为他就是上帝本人，是世人的拯救者、警示者以及引导者，也有人认为他只是上帝的代表。

长子 (Erstgeburt)——根据史前埃及形成的习俗，人类和动物的雄性头胎后人应将自己献祭给上帝。根据犹太律法，一个男人可以拥有多个妻子。这样，每个妻子的长子都应将自己献祭给耶和华。不过根据风俗习惯，在实际中是用动物来代替长子进行献祭的。长子拥有继承双倍财产和成为家族领袖的权利。

以扫 (Esau)——雅各的孪生兄弟，以东人的先祖。他为了一点小食物就将自己的长子继承权卖给了雅各。

以斯帖 (Ester)——末底改的养女，亚哈随鲁王的王后。以斯帖的犹太名字是哈达莎，意思是爱神木。

幼发拉底河 (Eufrat)——小亚细亚最长的河流，构成两河流域的两条河流之一。传说它最终流向的地方是天国。

夏娃 (Eva)——第一个人类亚当的妻子，由他的一根肋骨制成。据说从她的名字中可以听出希伯来语“生命”一词的发音。

巴比伦之囚 (Exil)——指的是以色列人被巴比伦人驱逐出境，其由来可以追溯到亚述人时期：为了防止当地人民反抗，他们将当地原来的上层阶级迁走，而令新迁来的上层阶级与当地剩下的居民融合。以色列国先后于公元前 733 年和前 722 年经历这种驱逐，被驱逐的上层阶级开始与亚述帝国融合，留下来的居民则开始与新的移民融合。参见“撒玛利亚人”。

加百列 (Gabriel)——参见“天使”。

迦得 (Gad)——雅各与利亚的女仆悉帕的儿子。

加沙 (Gaza)——埃及人在巴勒斯坦西南部重要的港口和治理中心，在被非利士人占领之前一直叫作迦南。之后非利士人、以色列人和迦南人为了争夺它不断爆发战争。

上帝的灵 (Geist Gottes)——译自希伯来语单词 ruah，意即“灵”，同时还有“吹气”、“刮风”的意思。与上帝的灵联系在一起的是创世。当初造人时，上帝向亚当吹了一口气使他拥有生命，后来人们就把清风吹拂与上帝的灵联系起来。人们认为，上帝经常借助自然界中的风传递自己的精神，有时是和煦微风，有时是凌厉暴风。在上帝的灵中有人们难以理解的力量。有些人会受到上帝的灵的眷顾，比如登上王位的大卫，有些人却会不幸地失去这种精神的保护，比如扫罗。

革舜 (Gerschom)——摩西和西坡拉之子，但这个地方的领主。这个名字的意思是“在外漂泊”。摩西当初逃难时娶了米甸一位祭司的女儿，即西坡拉。

金牛犊 (Goldenes Kalb)——以色列人让亚伦造出的一种神祇，同时摩西在西奈山上向上帝求得了十诫。

歌利亚 (Goliat)——非利士人的巨人战士，后为大卫投石所杀。

蛾摩拉 (Gomorra)——参见“所多玛”。

歌珊 (Gosen)——尼罗河三角洲上最富庶的城市。在法老同意之后，约瑟和他的父亲以及兄弟们定居于此。

哈巴谷 (Habakuk)——犹大的先知。

哈达莎 (Hadassa)——参见“以斯帖”。

哈利路亚 (Halleluja)——希伯来语“赞美神”。

含 (Ham)——诺亚的三个儿子之一。

哈曼 (Haman)——波斯亚哈随鲁王的丞相，以斯帖和末底改的敌人，企图灭绝波斯国境内的所有犹太人，却为以斯帖挫败并身亡。

哈拿尼雅 (Hananja)——参见“沙得拉”，先知但以理的朋友。

哈兰(Haran)——1.亚伯拉罕的大哥,罗得的父亲;2.美索不达米亚平原的一座古城,亚伯拉罕曾在此歇脚,后来他的侄儿拉班以此为住所。

希伯来人(Hebräer)——参见“犹太人”。

希伯来语(Hebräisch)——《旧约》用希伯来语写成,除了少数亚兰语写成的段落外。亚兰语是西北闪米特语的一支,主要流传于叙利亚北部和上美索不达米亚平原。

希伯伦(Hebron)——位于约旦河西岸,耶路撒冷以南,是历史最悠久的有人居住之城。在希伯伦,大卫登基称王,统治犹大国,直到耶路撒冷陷落。

(神的)荣光(Herrlichkeit)——指的是上帝的显迹,通常是以光芒的形式出现,经常伴随着火焰和烟雾。

赫人(Hetiter)——即赫梯人,小亚细亚的一个古老民族,于公元前2世纪建立过庞大的帝国。

约伯(Hiob,Ijob)——一位典范式的虔诚教徒,以睿智、忍耐著称。

希兰(Hiram)——推罗国王(公元前973—942年),与所罗门签署商贸协定,为其提供了大量木材并协助其建立商船舰队。

何乐弗尼(Holofernes)——亚述国王尼布甲尼撒的三军统帅,被犹滴用剑砍去了脑袋。

何烈山(Horeb)——上帝在这座山上从燃烧着的荆棘中向摩西显露出自己的面目。至于何烈山是否就是西奈山,还是在后世被人们混淆了,则无法考证。

户珥(Hur)——一名以色列人,在对亚玛力人的战争中,与亚伦共同举着摩西的手臂,直到取得胜利。

以马内利(Immanuel)——先知以赛亚的预告中弥赛亚的名字,意为“上帝与我们同在”。

以撒(Isaak)——亚伯拉罕的儿子,雅各的父亲,以色列的三位远祖之一。

耶西 (Isai) ——大卫的父亲，伯利恒人。

伊施波设 (Ischbaal) ——扫罗的儿子，在父亲死后曾短暂地统治北方民族，两年后死于谋杀。

耶洗别 (Isebel) ——国王亚哈的妻子，在以色列令人们重新开始祭拜巴力神，被视作先知以利亚最重要的敌人之一。

以色列 (Israel) ——最早来源于以色列远祖雅各，意为“与上帝角力的人”，因为他在梦中曾与上帝角力不分胜败。后来成为以色列十二个民族的总称。在以色列国和犹大国分离之后，被用来指称北部的王国，根据其首都有时也被人称为以法莲。

以萨迦 (Issachar) ——雅各和利亚的六个儿子之一。参见“以色列各支派”。

耶宾 (Jabin) ——迦南国王，其军队在主帅西西拉率领下遭到巴拉和底波拉的联手打击，几乎全军覆没。

雅弗 (Jafet) ——诺亚的第三子。

雅佛 (Jafo) ——即以色列今日的城市雅法。

耶和华 (Jahwe) ——根据《旧约》，这是上帝对自己的称呼：“我是‘我就在此’，你就这样对以色列人说吧。”人们出于对上帝的敬意，不敢直呼他的名字，所以就称其为“主”(Herr)或者“天主”(Adonai)，并用希伯来语将之记下来，即“JH-WH”。这种语言没有元音。流传多年之后，开始有人将之改称为“Jehova”。

雅各 (Jacob) ——以扫的孪生兄弟，亚伯拉罕的孙子，以撒的儿子，与亚伯拉罕、以撒并称以色列的三大远祖。

耶布斯人 (Jebusiter) ——耶路撒冷城在以色列人之前的居住者。

耶路撒冷 (Jerusalem) ——耶路撒冷的东南丘陵在公元前3世纪即有人居住。在以色列人进入迦南之时，该城的占有者是耶布斯人。公元前1050年前后，大卫攻占耶路撒冷城，并以此为都。后人遂将此城称为“大卫之城”。至于所谓的“锡安”，既可以用来指称城中的寺庙区域，又可用来指称整座城市。

以赛亚 (Jesaja)——《旧约》中的一位重要先知，生活于公元前 8 世纪下半叶的犹大国，其时正逢亚述强大并威胁该城。他在犹大、以色列以及亚述四处宣扬上帝的旨意，指出永恒的和平、公正和救赎即将到来。作为以色列的第一位先知，他告诉以色列人未来的弥赛亚来自大卫的后人。

耶西 (Jesse)——参见“耶西 (Isai)”。

耶稣 (Jesus)——1. 希伯来语中对耶和华 (Jehoschua 或 Jeshua) 的简称，意为“耶和华是拯救者”，后成为希腊化时代常见的人名；2. 拿撒勒的耶稣，后被人称为耶稣基督。参见“弥赛亚”。

流珥 (Jitro)——米甸的祭司，西坡拉之父，摩西的岳父。

约押 (Joab)——大卫的将军，同时也是其侄儿。

禧年 (Jobeljahr 或 Jobelhorn)——“Jobel”是希伯来语中对一种欢快号角的称呼，人们一般通过吹响这种号角来启动这一年。在《旧约》中，这是犹太人的一个神圣年份，每 49 或 50 年庆祝一次。在这一年，人们不需支付税收，因穷困而抵押或出售的土地也将被退回原有的物主。此外，人们还在这一年清偿债务、释放奴隶，并且不再种植谷物，只食用野生的蔬果。总的来说，这一年是人们从旧的压力中解脱出来，摆脱经济和社会责任束缚的年份。

约雅敬 (Jojakim)——1. 犹大国的国王 (公元前 608—598 年)，在被尼布甲尼撒俘虏之后，就成了后者的附属。后来他拒绝了尼布甲尼撒要求进贡的命令，后者遂派出大军意图剿灭约雅敬的国家；2. 苏珊娜的丈夫。

约拿 (Jona)——以色列的先知之一。

约拿单 (Jonatan)——国王扫罗的长子。

约旦河 (Jordan)——巴勒斯坦的主要河流，从耶利哥东南部流入死海。在以色列征服迦南之后，成了以色列王国和其他民族的分界线。

约瑟 (Josef) ——雅各的第十一子，是他与拉结的长子，便雅悯的哥哥，以法莲和玛拿西的父亲。参见“以色列各支派”。

约书亚 (Joshua) ——摩西的继任者，在其死后继续领导以色列人占领了迦南。

犹大 (Juda) ——1.雅各与利亚所生的六个儿子之一；2.对居住在犹大地区的以色列人的称谓；3.对犹大和便雅悯支派地区的称谓，这两个地区在所罗门王时期形成了犹大王国，定都耶路撒冷，隶属于大卫王朝。参见“以色列各支派”和“犹太人”。

犹大地区 (Judaä) ——源自希腊语中的 Iudaia 一词，意为“犹太人的国土”，是希腊罗马语中对以耶路撒冷为都的巴勒斯坦南部地区的称谓。

犹太人 (Juden) ——这个词最初指的是南部地区的犹大居民，以及所谓犹大地区的居民。在巴比伦之囚后，犹大和犹大地区开始在以色列人中占据重要的、领导性的地位，因此人们开始将以色列人，包括撒玛利亚人都称为犹太人。在流散，即犹太人大散居时期，人们又开始称呼犹太人为希伯来人。

犹滴 (Judit) ——伯夙利亚城玛拿西的寡妇，虔诚、美丽，在该城被围攻之时，通过智谋砍掉亚述统帅何乐弗尼的首级，从而拯救了整个以色列民族。

该隐 (Kain) ——亚当和夏娃的长子，亚伯的哥哥。

该隐的标记 (Kainsmal) ——上帝选了亚伯的祭物而不是该隐的，后者出于嫉妒和愤怒杀死了他的弟弟亚伯，上帝遂惩罚他从此艰辛地种地，流离飘荡在地上。但同时上帝也给了他一个记号，这样别人就不会杀害他。可以说，这是一种警诫，也是一种保护，因为即便是杀人犯也是上帝保护的对象。

迦南 (Kanaan) ——含的儿子，迦南人的远祖。同时也是叙利亚海岸边的一个地名。以色列人在迁往迦南之后，逐步将其作为自己的领土。迦南这个名字的意思是“紫色的土地”，因为在这个地方紫色是代表着商贸货物的一种重要颜色。

迦密 (Karmel) ——来自希伯来语 kerem el，意为“上帝的葡萄园”，是以色列人在地中海沿岸一处森林茂密的山地。根据《旧约》，先知以利亚曾在此和巴力神的先知们斗法，最终铲灭了他们。

基尼人 (Keniter) ——与以色列人有亲缘关系的民族，后搬入犹大地区，部分人迁至希伯伦。

基利 (Kerit) ——一条地点不明的约旦河附近的小溪。

基顺 (Kischon) ——耶斯若平原上的一条小溪，在以色列城市雅法附近流入地中海。

国王之路 (Königsstraße) ——具有五千年历史、长达 335 公里的国王之路将叙利亚、埃及和阿拉伯地区连接起来，在《圣经》中首次出现于摩西带领他的族人穿过以东地区之时。

居鲁士 (Kyrus) ——波斯国王，一手建起波斯大帝国。在占领巴比伦之后，居鲁士颁布命令允许被驱逐的以色列人回到家乡，并批准他们重建耶路撒冷的神庙。

拉班 (Laban) ——利百加的兄弟，利亚和拉结的父亲。

利亚 (Lea) ——雅各的妻子，流便、西缅、利未、犹大、以萨迦、西布伦以及底拿的母亲。参见“以色列各支派”。

利未 (Levi) ——雅各与利亚六子之一，参见“以色列各支派”。

利维坦 (Leviatan) ——海中一种四头怪兽，后为上帝驯服。也指一种特别长寿的海龟。

黎巴嫩 (Lebanon) ——巴勒斯坦北部的群山，山顶有常年积雪。在《旧约》中以盛产林木著称，尤其是雪松，经常被用来建造宫殿、寺庙以及船只。

礼拜仪式 (Liturgie) ——源自古希腊语 leiturgia，意为公民某种特定的荣誉服务。在《圣经》中指对上帝的崇拜、祭拜和礼拜。今天被用来泛指对上帝的礼拜。

赎回者 (Löser) ——指替亲戚赎回其财产并归还他的人，或指用赎金救回变成奴隶之人，或指与无子嗣的寡妇结婚令其生子的人，又指通过杀戮完成血仇抵偿的人。

罗得 (Lot) ——亚伯拉罕的侄儿。在其家族在所多玛城被屠戮时,作为唯一的幸运儿活了下来,他的妻子却因为回头望了一眼所多玛而变成了盐柱。

马丁·路德 (Maitin Luther) ——(1483 年 11 月 10 日—1546 年 2 月 18 日)大学学习法律专业，后成为埃尔福特的奥古斯丁修士以及维腾堡的神学教授。是《圣经》最重要的德语翻译者(1521—1534),著名的宗教改革家。同时,他还用对整个民族的深邃洞察和激情澎湃的演说能力推动了新高地德语的改革。

玛拿西 (Manasse) ——1.约瑟的长子,以法莲的兄弟;2.伯夙利亚人犹滴的丈夫。

吗哪 (Manna) ——当以色列人在荒漠中饥肠辘辘之际,天空中降下了吗哪,解救了他们的困顿。后人遂将之称为来自天堂的面包。有自然科学家相信这是当地一种芫荽的种子。

玛挪亚 (Manoach) ——但族索拉人,参孙之父。

玛撒和米利巴 (Massa und Meriba) ——以色列人在逃出埃及后途经的缺水之地。在这里他们向摩西发出了自己的抱怨。

马其顿 (Mazedonien) ——今天希腊北部,曾建起过强大的王国,自公元前 148 年起成为罗马的行省。

玛代人 (Meder) ——伊朗西北部地民族,公元前 670 年起开始向亚述人进攻,最终建立起自己的王国,定都艾克巴塔纳。

麦纳特柯 (Menetekel) ——巴比伦王伯沙撒曾下令将耶路撒冷神殿库房中的金银器皿掠走,后在其王宫的墙上自动出现一些文字,即麦纳特柯,预言了古巴比伦帝国的灭亡。它是古巴比伦语的简称,原文是“Mene mene tekel u-parsin”(弥尼,弥尼,提客勒,乌法珥新),“mene”是清算的意思,“tekel”是称量的意思,“peres”(复数为 parsin)是分裂的意思。这三个词分别意为:

mene——上帝将清算你的统治之日，并终结之；

tekel——你将被放在天平上称量，会显得卑微；

peres——你的王国将被分裂，玛代人和波斯人将成为新的统治者。

因此，麦纳特柯被后人理解为提前宣告某件灾难。

美诺拉 (Menora)——在希伯来语中意思是“灯台”。上帝曾向摩西亲口描述七臂黄金灯台的样子，后来的庙宇中都会有这种象征之物。美诺拉之所以拥有七只手臂，是因为七被视作神圣的数字：上帝是在第七天完成创世的；新的庙宇前一般都是七级台阶；在约瑟的故事中，埃及经历了七个丰收之年和七个灾旱之年；在祭祀时，一些牲畜需要以七为数拿来祭拜，另有一些行为需要重复七次。

米煞 (Meschach)——米沙利在巴比伦王宫中获得的名字。他是先知但以理的朋友。

美索不达米亚 (Mesopotamien)——该词源于古希腊语，意为“两河之间的地区”，即幼发拉底河与底格里斯河之间的地区，因此有时也被称为两河流域。在《旧约》中，这个名称仅代表上美索不达米亚。

弥赛亚 (Messias)——源自希伯来语的 Maschiach，原意为“涂上圣油者”。希腊语中为 Christos，拉丁语为 Christus。人们认为在涂上圣油后，上帝的恩宠将降临在此人身上。所以涂圣油的一般是履新的国王、神父或者先知。首次预告拯救世人的救世主将是来自大卫家族的后人的，是先知以赛亚，也是他首次将其称作弥赛亚的。对于基督徒来说，弥赛亚是通过耶稣现身的。犹太人直到今天还在等待他们的弥赛亚。

米甲 (Michal)——扫罗的女儿，大卫的妻子。

米甸 (Midian)——叙利亚—阿拉伯沙漠中的游牧民族，在以色列人强大起来征服米甸人之前，他们曾保持过长时间的友好关系。摩西就曾带领着以色列人从埃及法老处逃往米甸。

米利暗 (Mirjam)——亚伦的妹妹。

米沙利 (Mischaél)——先知但以理的朋友。参见“米煞”。

摩押人 (Moab, Moabiter)——与以色列人有亲缘关系的民族，居住在死海东边。后为大卫征服，并成为附属国。

摩洛(Moloch)——拜占庭神巴力的姓。

末底改 (Mordechai)——以斯帖的监护人。反犹太的哈曼倒台后，被任命为波斯国王亚哈随鲁王的丞相。

东方 (Morgenland 或 Orient)——参见“西方”，指自欧洲起沿着太阳升起的方向绵延的大陆。

摩利亚 (Morija)——一个没有明确地理位置的国家，国中有山，当时亚伯拉罕曾在山上向上帝献祭自己的儿子以撒。

摩西 (Mose)——以色列众多支派的领袖，他率领以色列人迁出埃及，并在西奈山上传授上帝的盟约和律法。该名源于埃及语 (Mos，意为儿子)，但与希伯来语的单词“撤离”也有关联。

酒政 (Mundschenk)——为国王掌管宫中酒水的官员，是机要职位，职责重大。

拿八 (Nabal)——地主，亚比该的第一任丈夫，与大卫有矛盾。

拿弗他利 (Naftali)——雅各与拉结的侍女辟拉的儿子，参见“以色列各支派”。

拿鹤 (Nahor)——他拉的儿子，亚伯拉罕的弟弟。

娜娜 (Nanna)——苏美尔人信奉的月神，也是吾珥城的守护神。

拿单 (Natan)——所罗门的老师，是一位对大卫王宫庭颇有影响力的先知。

尼布甲尼撒 (Nebukadnezzar)——新巴比伦王国最重要的国王 (公元前 605—562 年)。他于公元前 587/586 年占领了耶路撒冷，屠城并烧毁神庙，终结了犹大王国作为主权国家的历史，并将大部分犹太人囚禁于巴比伦监狱。

南地 (Negeb, Negev)——希伯来语，指《圣经》中令人恐惧的一片沙漠，自犹大山以南一直延伸至阿卡巴湾。中心位置位于今天的别士巴。

尼罗河 (Nil) ——埃及的命脉,每年一次的泛滥给两岸带来沃土和丰收,是当地经济、文化发展的重要基础。

尼尼微 (Ninive) ——亚述王国的都城,位于底格里斯河畔,在今天的摩苏尔附近。作为亚述中心的尼尼微在《旧约》中被描写成一座堕落之城。

尼散月 (Nisan) ——参见“亚达月”。

诺亚 (Noah) ——塞特的后人,由于敬畏上帝且道德至善而使自己和家人免于遭受大洪水。

挪得 (Nod) ——地理位置不明,大约在伊甸以东,该隐杀弟后逃遁至此。

拿娥美 (Noomi) ——路得和俄珥巴的婆婆,以利米勒之妻。

俄巴底 (Obadja) ——国王亚哈的宰相。

俄珥巴 (Orpa) ——拿娥美和以利米勒的儿媳。

天堂 (Paradies) ——源于波斯语,指花园或天上的树林。在希伯来语的《旧约》中,天堂是一个名叫伊甸的花园。在最古老的希腊语译本《七十士译本》中,伊甸园也被翻译为天堂(希腊文 Paradeisos)。这是亚当夏娃犯下原罪之前的居所,那儿没有时间,没有衰老和劳作,没有寒冷和疾病,也没有争斗、战争和死亡;那是神谕的超越自然之境,是公平正义之士与上帝永远居留的地方。

逾越节 (Pascha, Paschafest) ——希伯来语,直译为“推回去”。这一家庭节日的宗旨是抵御灾祸和那些想要毁掉以色列的人。在出埃及的前夜,犹太人用逾越节筵席,腰间束带,脚上系鞋,手上持杖,最终避免了杀身之祸。为了纪念上帝的拯救,以色列人在每年春分的满月欢庆这一节日。

法老 (Pharao) ——埃及国王,埃及的最高统治者。

非利士人 (Philister) ——航海民族的一支,公元前 2 世纪末开始扩张。在埃及同航海民族争战结束后,迁往巴勒斯坦南部的沿海地带。巴勒斯坦一词源于非利士人。以色列人曾长期为其统治所苦。如同以色列王国和犹大王国的命运一样，非利士人最终也被亚述人、巴比伦人和波斯人所统治。

腓尼基 (Phönizien)——古代地中海东岸的一个地区，其范围接近如今的黎巴嫩。腓尼基文明有着巨大的文化影响力。希伯来字母、希腊字母还有拉丁字母皆由腓尼基字母演变而来。腓尼基人与以色列人往来密切。

波提乏 (Potifar)——法老的重臣之一，从埃及商人那里买下了约瑟。

先知 (Prophet)——能传达上帝的意旨的人。在以色列先民时代，上帝和人之间尚不需要中间人传话，先民们亲自聆听上帝的话语。但出埃及后，尤其是在接受了迦南地的馈赠之后，情况发生了变化。各种先知派别和团体出现了，除祭司和智者之外，先知也开始获得越来越高的声望，先知的另一种形式——书写先知逐渐衍生。书写先知对以色列的宗教思想影响深远。《旧约》中有三大本和十二小本先知书，书中的主人公都生活在公元前750—450年之间的巴勒斯坦或者巴比伦。如果说祭礼的先知祭拜的是过去，那么书写先知更倾向于眺望未来。所以，先知以赛亚激烈地抨击国家和社会，宣告犹大王国的没落，也宣告了以色列的新救世主的到来。

诗篇 (Psalter)——源于希腊文 psalterion（“弦乐器”），指《圣经》中所有诗作的汇总。

托勒密 (Ptolemaios)——马其顿人，亚历山大大帝的统帅，自公元前323年起一直在埃及做地方长官，公元前305年在埃及称王，建立了诸多法老王朝之后的第一个王朝。《旧约》的希腊文译本《七十士译本》就是在他的宫廷图书馆中译成的。

抽签 (Pur)——“抽签”(Los)的希伯来语，参见《以斯帖记》。犹太人的敌人哈曼曾妄图用抽签来决定是否彻底毁灭在波斯流亡的犹太人。参见“普珥节”。

普珥节 (Purimfest)——犹太节日，每个亚达月的14日和15日庆祝，以纪念

《以斯帖记》中所记载的波斯犹太人逃离哈曼魔爪一事。

紫色 (Purpur)——红紫罗兰的颜色，最早由古腓尼基人从田螺或紫螺的汁液中获取。人们用紫色染羊毛和亚麻，主要用于祭祀和国王服装，因为紫色染料非常贵重，在《圣经》时代是一种人人渴求的商品。

拉巴 (Rabba)——亚扪的都城。

拉结 (Rahel)——雅各之妻，约瑟和便雅悯之母，是以法莲、玛拿西和便雅悯支派的始祖。

拉玛 (Rama)——希伯来文，意为“高度”，在《旧约》中指代不同的地方，包括撒母耳曾生活和被埋葬的城市。

利百加 (Rebekka)——以撒之妻，雅各和以扫之母。

士师 (Richter)——直译为“审判官”，《士师记》中那些大士师和参孙、底波拉一样，都是重要的军中统帅，他们屡次将自己的同胞拯救于战火之间，而其余的小士师则是真正意义上的审判官。

流便 (Ruben)——雅各与利亚所生的六子之一，参见“以色列各支派”。

路得 (Rut)——拿娥美和以利米勒的儿媳，波阿斯之妻。

示巴 (Saba)——南阿拉伯民族，独立为国，通过黄金和香料贸易聚敛了难以置信的财富。

安息日 (Sabbat)——希伯来语，指创世纪的第七日，这一天被当作上帝的节日来庆祝，以纪念上帝在西奈山上与人立约。摩西通过《十诫》和之后的律法明白了安息日应当如何庆祝。

所罗门 (Salomo)——大卫与拔士巴之子，以色列的国王和士师，以智慧和公正闻名于世。作为大卫王的继任者，他将其父在位时统治的位于北部的以色列王国、南方的犹大王国以及都城耶路撒冷统一为一国。他在耶路撒冷建造了华丽的寺庙和行宫，与别国特别是腓尼基的推罗保持了良好的通商往来关系。

撒玛利亚(Samaria)——北方以色列王国的都城，公元前722年被亚述人占领，随后以色列王室和上层社会逃往巴比伦。

撒玛利亚人 (Samariter, Samaritaner)——指的是以色列王室逃往巴比伦后留在撒玛利亚的以色列人。北方以色列王国灭亡后，他们与来自亚述的新殖民者通婚，并接受了他们的神祇。当犹太人离开巴比伦重新回到故土时，撒玛利亚人想要帮助他们重建被毁的神庙，但遭到了犹太人的拒绝。犹太人蔑视撒玛利亚人，认为他们是不洁的，缺乏始终如一的信仰。

撒母耳 (Samuel)——以色列民族由士师时代向列王时代过渡时(公元前11世纪)的道德化身。他既是士师又是先知，供职于拉玛城，是建立以色列王国的重要参与者。

撒拉 (Sara,Sarai)——亚伯拉罕之妻，以撒之母。

撒但 (Satan)——希伯来文，意为"敌对者、敌手"。最初，该词在以色列被用于司法实践和法庭，指代"反对者"或"原告"，巴比伦流亡之后才有了宗教意义。撒但被认为是众多"神子"之一，一个黑暗的天使，被称为"耶和华之怒"，与其他天使一样属于上帝的天国。他的使命：像官员一样在地球之上游荡巡查，然后向上帝汇报。拉丁文中撒但被叫作"迪亚波路斯"(diabolus)，由此又诞生出德语的"魔鬼"(Teufel)一词。

扫罗 (Saul)——以色列开国之君(约公元前1000年左右)，大卫王的前任。

沙得拉 (Schadrach)——哈拿尼雅在巴比伦宫廷中被赐给的名字，他是先知但以理的朋友。

祭神面包 (Schaubrot)——面包或蛋糕饼，摆放在圣迹的祭神面包桌上。"祭神面包"的希伯来原文，意思其实是"神像的面包"，可见该词最早的意思是上帝之食物。

苇海 (Schilfmeer)——《旧约》中指阿卡巴湾，即红海的东北部海湾。以色列人在迁出埃及后曾经穿越此地。

西布伦 (Sebulon)——雅各与利亚所生的六个儿子之一，参见“以色列各支派”。

航海民族 (Seevölker)——公元前 2 世纪末由爱琴海和地中海东部向埃及、叙利亚、巴勒斯坦一带和小亚细亚扩张的民族。他们的起源不明。

闪 (Sem)——诺亚的长子。数个民族的起源可追溯至他，他们自公元前 18 世纪末起被称为闪米特人。

闪米特人 (Semiten)——来源于“闪”，几个语言上存在亲缘关系的民族被称为闪米特人。闪米特人的聚居区曾包括古阿拉伯半岛(由此又经数次迁徙至美索不达米亚平原和叙利亚—巴勒斯坦地区)、埃塞俄比亚高原和地中海西面的边缘地带(腓尼基殖民时期)。

细利斯 (Seresch)——哈曼之妻。

塞特 (Set)——亚当和夏娃的儿子。

西缅 (Simeon)——雅各与利亚所生的六子之一，参见“以色列各支派”。

参孙 (Simson)——玛挪亚之子，属但支派，是以色列的士师。

西奈 (Sinai)——山名，上帝在此向以色列民族显现荣光，并通过摩西与以色列立约。《圣经》中西奈山的位置并不明确。

大洪水 (Sintflut)——出自中古高地德语 Sintvluot，意即“大到覆盖一切的洪水”，指《旧约》描述的那次史前大洪灾。

西西拉 (Sisera)——迦南王耶宾的陆军统帅，其军队被巴拉和底波拉所歼灭。

所多玛和蛾摩拉 (Sodom und Gomorra)——两个因市民堕落而被上帝毁灭的城市，所多玛和蛾摩拉至今仍然被视作堕落和毁灭的象征。

以色列各支派 (Stämme Isaels)——“支派”是对家庭、宗族、氏族的古老称谓，指的是那些同属于一个父系祖先的后裔。以色列所有支派的父系祖先是雅各。上帝赐他名为以色列。以色列和他的妻子们一共生了十二个孩子，这十二人便是以色列十二支派的祖先:流便、西缅、利未、犹大、但、拿弗他利、迦得、亚设、以萨迦、西布伦、约瑟和便雅悯。约瑟支派后来分裂为两派:以法莲和玛拿西。

苏美尔人 (Sumer) ——大约在公元前 4 世纪前叶,第一批操着苏美尔语的人类由东部向南部的美索不达米亚平原迁移。他们来到这块拥有无数城市和乡村的富饶土地,逐渐融入社会,在经商贸易上大获成功。苏美尔人伟大的文化贡献是创造了楔形文字,这比起最初古埃及人刻在烧制的黏土板上的象形文字而言是一大进步。美索不达米亚和地中海地区的居民通过使用楔形文字可以规避不同语言造成的误会,增进交流,便于外交和通商,是东西方文明的源头之一。

替罪羊 (Sündenbock) ——与一个赎罪仪式相关。该仪式每年举行一次,由此为以色列民族和圣迹涤罪。在这一天,人们将一只公山羊献为燔祭,然后将手放在另一只公山羊上,好使以色列民族的罪都转到山羊身上,这只公山羊即被赶到魔鬼阿撒泻勒的沙漠里去。

稣撒 (Susa) ——以兰王国的都城,即今天伊朗南部城市苏萨 (Schusch),亚哈随鲁王即位于此。

苏珊娜 (Susanna) ——希伯来原文是 schoschanna,意思是“百合花”,约雅敬之妻,曾受到不白之冤,被判死刑,被但以理救下。

他泊 (Tabor) ——山名,在耶斯列山谷东北的边缘地带,将以萨迦、西布伦和拿弗他利三块领地天然分开。

他施 (Tarschisch) ——源自希腊文 Tartessos,位于西班牙南部,是许多大型商船的目的地,这些大型商船因此也被称为“他施船”。

陶鲁斯山 (Taurusgebirge) ——中东地区绵延数千公里的山脉,底格里斯河和幼发拉底河都发源于此。

打谷场 (Tenne) ——丰收后打谷子的地方,一般选在多岩石的坚固的高处。

他拉 (Terach) ——亚伯拉罕、拿鹤和哈兰之父。

以拉山谷 (Terebinthental) ——地理位置不明的山谷，以色列人和非利士人曾在此扎营对战，大卫在这里打败了巨人歌利亚。笃耨香是一种枫香树属的落叶树木，在《旧约》中被视为圣树。在今天的以色列，位于亚西加和梭哥之间的以拉山谷在古犹大王国也被称为“笃耨香山谷”。

魔鬼 (Teufel) ——参见“撒但”。

底格里斯河 (Tigris) ——与幼发拉底河并称中东地区最重要的河流，尼尼微和亚述都濒此河而建。底格里斯河是所谓的两河流域中的两河之一，被认为是流经伊甸园的河流。

推罗 (Tyrus) ——腓尼基岛城，在迦密附近，今天在以色列被称为 Sur。公元前 1200 年后，推罗成为腓尼基重要城市之一。《旧约》中曾记载，推罗王希兰与所罗门保持了良好的商贸关系。

吾珥 (Ur) ——美索不达米亚南部地区，是苏美尔人最早建立的城市之一，也是亚伯拉罕的故乡。

乌利亚 (Urija) ——拔士巴的首任丈夫，赫人。

乌西亚 (Usija) ——南部犹大王国的国王（公元前 787—736 年）。

乌斯 (Uz) ——约伯的故乡，是巴勒斯坦南部一个部族及其领地的名字。

通海大道 (Via Maris) ——拉丁文，意即“海洋之路、海洋大道”，是古代交通要道，起始于埃及，将美索不达米亚、希腊和罗马相连。

瓦实提 (Waschti) ——亚哈随鲁王之妻，波斯女王，由于失宠而被驱逐。

乌尔非拉 (Wulfila) ——哥特派的大主教（311—383 年），为翻译《圣经》，他约于 369 年创造了崭新的哥特文。哥特文主要起源于希腊字母，最终在拉丁字母和鲁内文的基础上诞生并存续。随后，这一译本使《圣经》得以为日耳曼民族的所有人共享。

书珥沙漠 (Wüste Schur) ——埃及东北部沙漠，以色列人由苇海迁往以琳的路上会路过此地。

汛的旷野 (Wüste Sin) ——位于以琳与西奈之间的沙漠的一部分，以色列人出埃及后曾经在此扎营。在那儿，从天上第一次掉下了吗哪，之后四十日天天如此，直至他们抵达迦南边境。

辛波 (Zimbel) ——盘状打击乐器，是庙堂礼乐的组成部分。

西坡拉 (Zippora) ——摩西之妻，革舜和以利以谢之母。

锡安山 (Zion) ——耶路撒冷东南部的一座小丘。被大卫王占领后，这座山丘、后来建起的大卫城耶路撒冷及其神庙都是这座圣城的地标，是“圣耶路撒冷”的重要标志物。

琐法 (Zofar) ——拿玛人，约伯的朋友之一。

索拉 (Zora) ——犹大王国西部城市，在耶路撒冷附近，最早但定居于此。这里也是参孙的出生地，与参孙最后下葬的地方紧邻。

两河流域 (Zweistromland) ——参见“美索不达米亚平原”。